微交谈

如何提升和陌生人的社交力

戴愫－著

中信出版集团 | 北京

图书在版编目（CIP）数据

微交谈：如何提升和陌生人的社交力 / 戴愫著. --
北京：中信出版社，2019.10（2020.10重印）
ISBN 978-7-5217-0901-8

Ⅰ. ①微… Ⅱ. ①戴… Ⅲ. ①心理交往—通俗读物
Ⅳ. ① C912.11-49

中国版本图书馆 CIP 数据核字 (2019) 第 162043 号

微交谈：如何提升和陌生人的社交力

著　　者：戴　愫
出版发行：中信出版集团股份有限公司
（北京市朝阳区惠新东街甲 4 号富盛大厦 2 座　邮编　100029）
承 印 者：中国电影出版社印刷厂

开　　本：880mm × 1230mm　1/32　　印　　张：10.75　　字　　数：218 千字
版　　次：2019 年 10 月第 1 版　　印　　次：2020 年 10 月第 4 次印刷
书　　号：ISBN 978-7-5217-0901-8
定　　价：59.00 元

目录

第二篇 结识陌生人

推荐序

“当你开始学会和陌生人交谈的时候，你就找到了和整个世界的连接方式……”

戴愫老师在“得到App”上的课程得到了很多学员的认可。这不是因为平台推广有力，而是因为课程口碑确实好。

凡是上过戴老师的线下课的人，都满载而归，收获巨大。在她的言谈中，你能感受到两种气质：精练和精当。作为一个表达者，我深知这有多难。

这次戴老师的新作《微交谈：如何提升和陌生人的社交力》出版，我请教她，你为什么认为我们需要重新学习交谈？

她的回答是：“强大的网络世界已经形成一种尽量减少人面对面沟通的趋势，和陌生人聊几句的习惯濒临绝境，人们的交谈力日渐减弱。在和整个网络世界的竞争中，人类胜出的方法就是走出虚拟空间，重新理解怎样和真实的人做真实的交流，建立共情、信任和亲密。”

在这本书里，你会看到——交谈之难。

表达本身不难，难就难在：一次有质量的交谈，是在匹配双方的价值，激发出集合智慧，所以要做好三方面的平衡。

第一，交谈是在即兴和计划之间保持平衡。

每次交谈就是一场新奇的探险，它无法被编辑和修改。你永远不知道你们会探讨一个多么有趣的话题，又能找到多少惊喜。同时，为了在混乱中找到闪现的灵感，演绎出各种可能，交谈也讲究方法。如果能在即兴和计划之间保持平衡，交谈就是一场值得的冒险。如果即兴太多，计划太少，容易流于浅薄的消磨式社交；如果计划太多，即兴太少，你会放不开，同时丢掉了交谈的趣味。

第二，交谈是在真自我和社会化自我之间保持平衡。

这是一个奖励个性的时代，人们展示自己时显得滔滔不绝，聆听他人时显得耐性不足。同时，这也是一个奖励连接的时代，个人价值在连接中得以彰显。你看，表达个性时，你要忠于自我；建立连接时，你要愉悦他人。这是一对矛盾。有交谈能力的人永远在寻找这对矛盾之间的交集。也就是说，他的交谈方式是对方喜欢的，并且他自己也觉得安逸自由。比如，周一早上和陌生同事聊聊“周末过得怎么样”，这并不意味着你在对他的私生活掘地三尺，而是展示对他人关切的姿态，或者向外辐射快乐的习惯。人的成长，就是真自我和社会化自我之间交集的不断扩大。

第三，交谈是在悠闲和效率之间保持平衡。

我们发现越来越难拥有悠闲了。时间工具、绩效主义、结果导向，这些商业世界里的元素在侵蚀着我们的日常生活，生生地把“体验生活”，变成了“忙生活”。你仔细想一想，那些人性闪耀的时刻，那些人文关怀的时刻，其实都不是讲效率的时刻。交谈中的等待、倾听、苦笑、沉默，将真实的自我慢慢展开，袒露给彼此，这就是交谈的魅力。可我们的日程表确实越来越忙，怎么办？这本书给出了答案，微交谈呗。将日程表抖抖松，每天留一点点时间做微交谈，不用长篇大论絮絮叨叨，从一句话开始。

会交谈的人身上会散发磁性光芒，故事、人、资源都被他吸引了过来。当你开始学会和陌生人交谈的时候，你就找到了和整个世界的连接方式，它可能发生在餐桌边，可能在会议上，可能在走廊里，可能在茶水间。

愿你从这本书中得到收获。

罗振宇

序 言

创造更多有意义的连接

我曾是一个不善于聊天，甚至有些不屑于聊天的人。

去外地参加行业会议，我经常一下飞机就扎进自己的酒店房间，在温暖的被窝里刷剧；年会的茶歇期间，我要么假装忙碌地收拾文件，要么起身去找洗手间，坐在马桶上一直待到下一场开始；鸡尾酒会上，我会躲开张牙舞爪的人群，借着饮料迅速吞下几块儿小点心后独自离开。

在我看来，那些强颜欢笑，穿梭于觥筹交错之中的精英人士，都在交换着轻飘飘的承诺，上演着一场华而不实的戏剧。

我想和人做真正的交谈，而在那样嘈杂的社交环境里，一个人连自己内心的声音都听不见，又如何与人做真正的交谈？

直到有一天，当我的名字被提起时，我发现同事们的反应是"Su? Who's Su?"（愫？谁是愫啊？）

直到有一天，去美国华盛顿出差的某集团首席执行官拉夫先生突然出现在我们的办公室，旁边两位同事和他相聊甚欢，我却只能尴尬地低头猛敲键盘。

我发现出问题了，在与人建立连接的能力上，尤其是在与陌生人建立连接的能力上，我有缺失。我身上没有那个可以自由启动的开关，那个在“啪”的一声响后，帮我进入社交模式的开关。

而在这个“VUCA”[①]时代，未来10年，甚至100年都不会变的是人与人的连接能力——灵感的连接，资源的连接。伟大的事业，往往始于一个远在天边的想法，成就于聚集原本分散于各个渠道的资源。

于是我开始好好研究，微交谈（small talk）到底是怎么一回事，微交谈中到底发生了什么。

《牛津英语词典》如此解释：small talk就是和不熟悉的人谈些不重要的事。也就是说，不是和已经熟识的人聊天，也不是两个朋友之间规划周末如何度过，或两名同事之间讨论方案，而是带着社交的心态，和陌生人聊上几分钟，说些没有清晰目的、没有明确意义但很有意思的话，让他想与你结交。

既然说的都是没有清晰目的也没有明确意义的话，那么微交谈为何如此重要？

在一次短短的交谈中，从表面上看，你传递出去的是信息，

① VUCA是易变性（volatility）、不确定性（uncertainty）、复杂性（complexity）、模糊性（ambiguity）首字母的缩写。VUCA这个术语源于军事用语，并在20世纪90年代开始被普遍使用，随后被用于从营利性公司到教育事业的各种组织战略的前沿思想中。

实质上，你展示的是“我是什么样的人”。而真正拉近你和他的是惺惺相惜的性格特质。

假设你在排队，突然想上洗手间了。这时候你想回过头让后面的某人帮你留住这个位置。哪种表达方式他更乐意帮你？

方式一：你直接说：“能不能帮我保留一下这个位置？”

方式二：你先回头和他唠一句嗑：“感觉这队伍越排越慢啊，咱们都快熬了一个小时了。”然后再说，“我快速去上个洗手间，能帮忙留个位吗？”

无疑第二种成功的概率更高，因为你用唠嗑的方式展示了你是一个自我边界较宽的人，同时你把他拉到了自己人的行列里，对“咱们”的处境表达了同情。为了回报你，他帮你是顺其自然的事情了。

Small talk is never small（微交谈，学问却不小）。就像英国诗人布莱克的诗句：“一沙一世界，一花一天堂。”比如，表面上我在和你谈堵车，谈雾霾天，实际上我可能刚刚经历一段失败的感情，或者在职业道路上有困惑；也可能我有一个长年未能和解的兄弟。我渴望跳过阴雨或晴天的话题，聊到心中的谜团。我和你谈垃圾分类，可能背后是我对环境、对规则的理解和态度。我和你谈度假，背后是我对与生活、家人的关系的看法。微交谈的话题本身从来都不重要，重要的是怎样交谈。

我们和成年人谈论死亡，可能谈得很肤浅；我们和小孩子聊游戏，却可以聊得富有哲学性。

为什么会有很多人和我一样，不喜欢微交谈呢？

这可能因为我们之前在微交谈中从未触碰到本质、核心、真实的内容。于是，我们误认为微交谈很尴尬，社交很虚伪。其实擅长微交谈的人，哪怕只有几分钟，也有可能在两人之间引导出本质、核心、真实的连接。所以，交谈不尴尬，社交也不虚伪。其实，我们如果不懂交谈，不善于社交，人生就会更尴尬。没有人希望多次搞砸和目标人物的面谈，或多次错过你可能的艳遇机会。

很多人不喜欢做线下交谈，而更倾向于网上交流，觉得这种交流更有控制感。在线上，每一个短信都是编辑、润色之后才被发出去的，每条朋友圈都在展现自己想要展现的一面，我们还能自己决定回复短信的时间。在虚拟世界中，我们掌握更多的主动权。而在线下交谈时，人们会彼此询问，还会即时地敏捷互动，这些行为电脑从来不会做。所以交谈有风险。没错，交谈有风险，但会带来激动人心的机会。

哪些场景需要用到微交谈这个技能呢？我来列举几个场景：

商务会议上，你光彩照人地端着酒杯，穿行在陌生的人群中，你该拉着谁聊？怎样聊？

公司茶水间里，遇上了公司首席执行官，他难得回国一趟，你有勇气过去混个脸熟吗？

公司年会上，面对来自世界各地的同事，你怎样和他们谈笑风生，拉近距离？

在客户招待宴会上，你怎样和客户唠唠家常，增进感情，提高签单的可能？

面试开始前的几分钟，面对已经入座的面试官，你怎样利用微交谈来缓和一下紧张的气氛？

在朋友聚会上，你看上了一个很有眼缘的女孩（男孩），如何上前搭话，赢得对方的好感？或者，相亲时，你怎样和对方开口交谈，缓解尴尬？

为什么这些场景都需要用到微交谈？你是否相信，重要信息都是在非正式渠道流通的，重要关系也是在非正式渠道结成的。尤其是当你想在关键时刻弯道超车的时候，微交谈能提供捷径。我来举几个实例。

一个屡次戒烟都未成功的失业宅男，却在做电子烟出口的生意中，仅用了短短三年时间，就实现了财务自由。他的人生逆袭源于一次和某位公务员朋友交谈时获得的信息：欧美的高额烟草税为电子烟商品的出口提供了市场机会。

一位正面临求职压力的大四毕业生在星巴克偶遇已经毕业的某位校友，并从他那里获知他们公司刚刚空出一个职位。这位毕业生在职位还未公布时就先人一步获得了信息，增加了自己的机会。

一个职业经理人在公司年会上和公司法国区的总裁相谈甚欢，不久便被调派到他一直向往的城市巴黎工作。

一位高管在某次行业峰会上与对手公司的某位郁郁寡欢、不得志的经理攀谈，那位经理无意间透露了一些关于他们公司新近研发的产品的信息。这使得这位高管可以提早做准备，在接下来的市场竞争中占据优势。

这些听上去有些“超现实”的瞬间，在现实世界里每天都会发生。这些暗藏成功的命运关键时刻，都源自他们和周围人的主动攀谈。与他人建立连接，才能获得机会。开启成功人生的神秘武器，就是微交谈。这是成功背后的真相。

微交谈开启社交。当我们在社交时，我们到底是在干什么呢？真正的社交不是为了利用别人，而是帮助别人成功。我们有自己的专业知识和背景，有自己的人脉，还有自己看世界的视角；我们不仅要做自我推销，还要帮助别人。一旦找到了自己的价值，我们的底气就更足了。社交不是操纵索取，而是互助合作。我们和他人共享信息，那么蛋糕就会越做越大。

我们怎样进行微交谈？从第一句话开始。这是微交谈的一个关键策略，它在提醒你，和人交谈这件事其实并不难。

电梯口遇见邻居，就说一句话：“昨天听你们家好欢快热闹，是朋友聚会吧？”

出小区大门遇见保安，就说一句话："咱们小区后门的锁已经修好了，效率好高啊！"

上车坐定后，和司机就说一句话："周一早上交通这么顺利，难得啊！"

买咖啡时，和服务生就说一句话："又上新品啦，每周都有惊喜。"

公司茶水间里遇见不熟悉的同事，也就说一句话："你和我一样，公司的早鸟哈。"

不要认为一句话太渺小，它能给你带来递增式进步。每天和陌生人说一句话，用这个习惯逐步拓宽你的舒适区。你从舒适区的边沿不停地向外迈出一步，这一步很小，小到没有失败的可能；但这一步很关键，它能带来前进的力量。从物理学的角度，物体一旦动起来，产生了惯性，一切运动都会随之而来，好戏开始啦！正如美国的斯蒂芬·盖斯在提倡"微习惯"时说的："微量开始，超额完成。"实话告诉你，我在尝试每天一句话时，这一句话通常会不出所料地引出一次愉悦的交谈。

在深入研究过"微交谈"这个话题之后，我还发现，微交谈不是来自个人天分，而是一项可以后天习得的技能；而且这项技能和你长得帅不帅、有没有财富或地位都没关系。你如果不信，就去网上看一段视频——《贾斯廷·特鲁多在20国集团找不到任何人可以交谈》。贾斯廷·特鲁多是加拿大长得最帅的总理，在20国集团峰会的会场里，却尴尬局促到找不到任何人交谈。所以，你不会因为天生帅气或变得有名望，就自然而然地懂得社交。

我进而发现，想要具备微交谈技能的人，不需要颜值超群、满腹经纶、满舌生花，只需要练习一些交谈的技巧。因为人人都会说话，所以学习聊天，并不像“让鱼儿学会飞，马儿学会游”那么难。我已经用书中的这套方法，帮助了上万名精英人士迅速走向世界。我每年服务将近两百家企业客户，其中既有外企，比如苹果、欧莱雅，又有众多正在加速国际化的本土企业，比如阿里巴巴、奇瑞、OPPO（广东欧珀移动通信有限公司）、广核集团等。很多学员使用了这套方法，走出了自己的舒适区，从不敢在商务餐会上与人攀谈的害羞的人，变成了落落大方、侃侃而谈的社交达人。

其实，沉默和开口、端着和放松之间的距离，比我们想象中的要短得多。你只需要鼓起勇气，一步就可以跨过去。我们的日常状态，从日常工作生活中熏陶出来的气质，以及做出的各种决定，都会主宰我们的命运——它不是出身，也不是运气。

这本书将会让你知道，不善微交谈的烦恼是可以消除的。让它陪伴你，以每一天为单位，从第一句话开始，用这项技能与更多人创造更有意义的连接。

第一篇

开口和陌生人说话

1'

面对陌生人，你为什么不敢说话？

“

只有硬技能的专业人士，未来不需要，未来有人工智能。

硬技能强而社交技能差的专业人士，未来短期需要，

但长期未必有价值。

硬技能和社交能力都很强的专业人士，未来不可或缺。

——克里斯·吉尔博 《魔力创业》作者

”

时代变化的速度越来越快，过去能让我们成功的技能，如今可能会失效。我们需要打造适应未来变化的能力，从现在开始，持续进步。只有这样，在新机会和新挑战面前，我们才有足够的延展性和灵活度。时代变了，你的技能更新了吗？

东方的椰子与西方的桃子

我们正处在由熟人社会向陌生人社会快速转型的过程中。你能否在短时间内与大量陌生人建立信息关系？这种信息关系和熟

人社会里的人情关系是相对应的。信息关系的意思是，我们分享和交换信息，但还没有达到深交的程度。这种信息关系变得越来越重要，甚至从某种程度上来讲，信息关系比人情关系更重要。因为在人情关系中有很多和你很相似的人，而信息关系能让你认识大量与你不同的人，即不同“质”的人。他们所提供的人脉、信息、建议，有可能会让你的命运发生大逆转。你有没有注意到，善于利用微交谈的人在职场和情场上更容易成功，因为他们擅长聊出自己的价值，聊出自己的优秀。

我在多年的跨文化培训中，发现很多中国学员在与陌生人进行微交谈时，存在沟通技能的短板。

为什么中国人会有这个短板？其实不仅中国人，还有很多深受东方文化熏陶的外国人也有类似的短板。东方文化是椰子文化。你可以想象一下椰子的构造，椰子壳里面的空间又大又软，但它的外壳很硬。中国人的文化性格和这个椰子很像。我们擅长熟人社会的社交规则和技巧，精通如何与朋友培育和加深情感，却不擅长与陌生人打交道，缺乏对陌生人表达友善和爱的能力。

西方文化是反过来的，是桃子文化，桃子外皮薄而软，核却小而硬，桃子型的人更擅长和陌生人打交道，擅长用第一句话、第一印象立刻博得他人的喜欢。西方教育，尤其是精英教育，更早地让孩子成为社会人，更注重软技能的培养。所谓软技能，其实就是一切和人建立连接的技能。它要求你具备协同资源的能力，成就单靠个人技能成就不了的、更大的事业。收费高昂的贵族学校，重点不是教授职业技能，而是花大量精力组织联谊派对、沙龙、主题晚宴，学生们穿着正式，谈吐得体。精英教育对学生的承诺，是让他们一生自信而愉悦。与陌生人的微交谈，是西方人从小就被训练的技能。然而，small talk 这个词该如何翻译成中文，我琢磨了好半天——搭讪？聊天？谈话？似乎都不太合适。语言的边界就是文化的边界。某种语言中缺失的词，暗示着这种文化里缺失的板块。

而在我自己的成长道路上，从来没有人告诉过我，和别人聊天时应该聊什么，应该怎样聊。我只记得在大人们聊天时，如果我插话，父母就会用眼神制止我。在学校里，保持安静是最大的美德。我们传统的学校教育体系中没有教人如何进行微交谈的课程，各类商学院也不教微交谈；而且，专门教人微交谈的书也很少。然而，你如果去美国亚马逊网站搜索 small talk 这个关键词，就会发现成千上万种书在研究和讨论这项社交技能。

西方人的日常生活中还有很多学习实践微交谈的机会。法国人请客，晚上八九点钟才吃晚饭，晚上 6 点到 8 点，是大家在客厅里聚会喝开胃酒的时间，也就是西方人所说的 apéro（法语，译为开胃酒）时间。此时，大家边喝酒，边进行微交谈。我在美国生活时，发现美国人周末特别爱在家里开派对，他们请来各色人物，让他们互相结识。这不是应酬，而是周末放松的方式，这些习惯都是对 17 世纪西方沙龙文化的传承。沙龙，已经成了西方的一个文化符号，散发着理性和自由的人文魅力。它是娱乐中心、礼仪学校，还是新思想的温床。

中国其实也有类似的“沙龙文化”，古人称其为雅集。可是，与其说雅集是沙龙，不如说它是饮酒赋诗的游戏。人们对雅集的描述经常是：某某拿起酒盏一饮而尽，当场赋诗一首，众人皆击掌叫好。东晋永和九年（公元353年）举办的兰亭雅集，在中国历史上非常著名，众人饮酒赋诗，汇诗成集，即《兰亭集》。但这样的社交更像才艺表演，人与人的互动非常少。

直到20世纪30年代，清末来华的洋人，以及以林徽因为代表的留洋人士，将西式沙龙文化带到北平（北京旧称），于是有了“太太客厅”，文人雅客聚在一起，交流学术、绘画、政治话题，也会闲聊一些生活趣事。然而，后来的历史发展将沙龙这种“非组织生活”视为洪水猛兽，民间沙龙几乎绝迹。

中国的沙龙发展到现在是什么样的呢？我参加过中国各个城市举办的各种沙龙，我觉得它们更像一对多的讲座，最多在讲座末尾设置一个问答环节，这同样缺乏人与人的互动。

我们再来观察一下东西方聚会的形式。西方的家庭聚会，朋友们陆续到场，三五成群，或坐在沙发上，或靠着酒吧台，或倚着壁炉，或坐在院子里，大家是分散开的，分别进行微交谈。西方的商务社交，采用的是鸡尾酒会的方式，其主旨是在最短的时间里和最多的陌生人进行交谈。所以，人们三五成群，聊10分钟，然后迅速散开，再组成新的小群体，再聊10分钟，再迅速散开。西方人即使需要用大桌子，也是用长方形的，不用圆形的。中国人喜用圆桌，其中一两个人唱主角，其他人都是陪衬，全桌人个体和个体之间并没有实质的互动。在西方式的大长桌上，一两个人如何唱得了主角？聊天的单位一般是两人，最多三人。大家都是在和邻座低声交谈，而且，主人安排座位的时候，你旁边一定有一个你不认识的、与你性别不同的人。安排陌生人坐在一起，是希望客人们能认识更多朋友；一男一女搭配着坐，是希望女士能得到旁边男士的照顾。所以，这样的安排非常有助于你锻炼微交谈的技能。

中国人一直缺乏锻炼微交谈的机会，让孩子从小社会化，也从未成为过我们教育体系的重心。于是，我们不擅长自由、随意地聊天，也就不足为奇了。在我们的电视访谈节目的主持人中，能打趣、会开玩笑、会制造轻松聊天氛围的人，屈指可数。

没有微交谈，就很难开启真正的沟通，也就没有你和这个世界更有效的连接。你留给对方的第一印象，决定了他们是否想留在你身边，是否愿意向你透露一些宝贵的信息。有机会，你可以问一问商业大佬们，你会发现，他们大多数的合作都是在饭局或高尔夫球场上敲定的；你也可以问一问科技天才们，你还会发现，取得跨界突破的那些灵感，大多是在微交谈中获得的；你还可以问一问作家们，当他们才思枯竭时，找人微交谈会让他们的创作源泉重新涌现。无怪乎编剧教父罗伯特·麦基建议年轻编剧“毕业头十年应该去开出租车”。

自从开始研究微交谈这项技能，我一直在利用碎片化时间和陌生人操练这项技能，尤其是门卫、前台、清洁工、助理。我之前走路带风，但现在我常常会慢下来和他们闲聊。他们就是跨生态圈的信息中枢，我经常惊讶于从他们那里获得的信息。

毫不夸张地说，人生的每次巨大转变，可能都源自和他人的交谈。在交谈中，我们会看到自己思维的局限，获得重新校准人生的勇气，更重要的是，在和陌生人的连接中，我们为自己创造了新机会，获得了新的支持。

走出孤独

现代生活越来越便捷，有了虚拟办公、网上购物、线上娱乐等，我们完全不需要和人交往也能独立生活。很多不喜欢社交的人认为，独处更有助于和内心的自我对话。的确，独处有价值，人的一生中，很多意义深远的交谈都是和自己的对话。我们需要刻意地规划一些独处的时间，因为“人类最深刻、最基本的精神体验，都是发生在内部的，是需要借助孤独与独处的”（摘自英国心理学家安东尼·斯托尔《孤独：回归自我》）。在咖啡馆里看到那些埋头读书或工作的人，你就会知道人们其实是非常享受独处时光的。

独处和社交并不矛盾，而且，想要打造社交能力，必须先有独处的能力，原因有三个。

第一，独处时，人们发现自我，凝神聚焦自我，你知道自己是谁，想成为什么人，这是和他人社交的必要准备。

第二，独处中产生的观点，能让我们在交谈中更自信、更真实，每句话都掷地有声，独处能丰富交谈的素材。

第三，独处中产生的身份感，和自我安全感是连接在一起的。安全感会增强我们的同理心，使我们更善于倾听他人的诉求。这样的交谈进行完之后，又为独处自省提供了丰富的素材，这是一个良性循环。这是发展心理学的观点。

注意，我说的独处，是真正的独处，是那种独自一人思绪纷涌的时刻。神经科学发现，我们只有在静静地思考人、事、物的时候，才会运用大脑最基础的那部分，而这个区域一直被用来打造可靠的记忆，这就是“默认模式网络”。没有独处，我们无法构建可靠的自我意识。那么请问，一个人上网是独处吗？不是。上网时，我们的思维没有漫游，而是被分割。一个人在微信朋友圈里逛是独处吗？不是。我们的思绪没有漫游，而是被刺激，被禁锢。所以，一个人写读书笔记是独处，在知乎里看别人的书评不是独处；一个人写日记是独处，发朋友圈不是独处。可怕的是，很多人把收集别人的书评代替了自己写读书笔记，把发朋友圈代替了写日记。

此外，我还很赞同著名心理咨询师武志红对独处的理解。独处的价值在于，在独处之前，个人与外部世界已经发生了频繁的碰撞，已经有了丰富的处世故事，之后再闭关思索。比如庄子、陶渊明、苏东坡等，他们都是在人生阅历中经历了惊心动魄，后半生选择于隐居中体味诗歌之趣；并且，他们最终还是渴望把自己的诗歌讲给别人听，被他人传唱。可是，一个人如果始终独处，就很容易发展出“全能自恋型人格”，也就是认为天地间我最大。

甚至，如果在独处的时候，自己的内心感受到了寂寞，那么这样就更危险了。也就是说，独处（alone）没问题，孤独或寂寞（lonely）就有问题了。用杨百翰大学心理学专家朱丽安・霍尔特－

伦斯塔德和蒂莫西·B. 史密斯的话来讲：“孤独感，指的是主观上感觉到孤独，一个人希望与社会的连接程度与实际的连接程度有偏差。”

我们通常认为孤独感在老年人群中居多。霍尔特－伦斯塔德博士从涉及 340 万人的 70 项研究中发现，产生孤独感的高发人群是青少年和年轻人，然后才是老年人。

这是因为年轻人不愿意走出去和人交往吗？不是的，是年轻人低估了与人交往的作用，并过早地将自我身份固化。老年人却比年轻人活得更轻松，更有“走出孤岛”的意识。

我曾经走访过很多中国的老年大学。老人们为什么宁愿坐一个小时的公交，也要去参加烹饪班、瑜伽班、诗歌班呢？是因为老师水平高、同学素质高、想让自己多才多艺吗？都不是。我听到一个有代表性的答案：“在老年大学，我感觉自己是一个全新的人。”换句话说，他认识了一个完全不一样的自己。

用美国哲学家和心理学家威廉·詹姆斯的话说：“有多少人认识某个人，这个人就有多少个社会自我。”这句话大概会让今天的很多人惊讶，所以，这句话在今天更有重大意义。

威廉·詹姆斯是 19 世纪中叶出生的学者，他大概没有料到，当今社会不停地鼓励每个人找到“核心自我”“真实自我”，这样才能抓住梦想不放手。于是，有的人找到的自我是“我喜欢独来独往”，有的人找到的自我是“我从不愿意委曲求全”，有的人找到的自我是“我从不在乎别人的看法”。

当你找到那个所谓的“自我”以后，你自然会忠于“自我”，一次又一次地固化自己的行为模式，这个“自我”变得越来越一致、越来越单一，最后反而自我设限了。

然而，真的存在这个核心自我吗？哈佛教授迈克尔·普鸣提醒我们记住儒家经典《性自命出》中的教诲，他说：“我们应该将自己看作由各种具有差异性的矛盾的情绪、性格、欲望、特质构成的复杂个体，而非借助自省试图发现一个单一且一致的自我。当我们这样做时，我们就具有可塑性了。”

概括来说，自省和社交是互相促进的；如果只靠自省，会单一化自我；我们应该用社交消除孤独感，提高自我可塑性，让人生因此而丰盈。

从虚拟现实重返真实世界

美国社会心理学家费斯汀格曾经说，所有人都想知道自己所处的位置，这是人类的基本倾向。我们无法在与人隔绝的情况下完成自我评估，必须有参照系。我们在与他人的参照中，感知自己的位置。这种参照，既有物质参照——住房大小、存款多少、车子是否豪华，又有精神参照——教育程度的高低、认知形态的新旧。

你意识到了吗？这种参照，不再是拿身边的熟人做参照。当今，竞争无国界。我们在和不同肤色、不同语言、不同阶层、不同价值观的人发生着交集。

这种参照，也变得让人越来越难以捉摸。如果仅仅从网络空间寻找参照信息，你就会看到一个虚拟的、充斥着假象的社会，你就会看到一幕幕自导自演的舞台剧。为了真实地认知这个世界和获知自己的位置，我们需要从线上走到线下，拿真实的人做真实的参照。

有了更宽广且更真实的参照系，我们便能更清楚地感知自己的位置，而基于这个位置来扩大自我舒适区就有了可能。

如果你过周末的方式是刷朋友圈、刷剧，过年你回父母家，还是刷朋友圈、刷剧，你到外地出差，还是刷朋友圈、刷剧，甚至你外出度假的方式也是刷朋友圈、刷剧，那么你的世界就被局限在了范围很小的朋友圈和虚拟的电视剧里。这样的参照系不仅狭隘，还不接地气，也无法帮助你准确地感知自己，更无法帮助你确立并扩大自己的舒适区。

成长的过程，就是不断地扩大舒适区的过程。越是攀登到社会上层的人，他们的舒适区就越大，也越擅长和多元化的人群协作。他们不仅有意识地在扩大自己的人生参照系，也在努力扩大下一代的人生参照系；他们不仅自己在学习和锻炼与他人建立关系的能力，还花重金让下一代尽早社会化。扩大自我舒适区，会交朋友，并且与同自己迥异的人交朋友，比会读书更重要。

从大数据中夺回自由

大数据在剥夺人类的自由。

在大数据时代，我们越来越少地遇到和自己不一样的观点：

如果事实证明我喜欢某种东西，那么我会看到更多类似的东西。我可能会喜欢并分享它们，而这又让我看到更多同类的东西。在这个循环下，我们的视野变得越来越窄。

视野变窄带来的后果是心胸狭窄。德国政治理论家汉娜·阿伦特在《极权主义的起源》中指出，大脑不应该只是自己和自己对话，当面临道德困境的时候，我们脑子里至少要出现两种不一样的声音，在争论中，大脑完成多角度思考的过程，从而更客观地形成自己的观点。

记得我刚到上海居住时，冬日的雾霾、超级大城市的规模、不对胃口的上海菜，让我对这个“东方巴黎”很失望，我天天和我的先生吐槽。后来，我和楼上楼下的上海邻居交往多起来，他们带着我用另一种思路解读上海。我发现，作为一个女人，我其实很适合生活在这个城市，因为这里有全国最真实的男女平等和契约精神。我再回过头来看雾霾问题——政府的回应速度也挺快的；上海的超大的城市规模——国际化都市不都这样吗；浓油赤酱的本帮菜——细品之下，独有风味。

幸亏我当时积极地与当地人交往，避免了我的极端认知继续发展下去。根据汉娜·阿伦特的理论，恐怖组织，就是具有极端意识的组织，其逻辑是彻底的是与非，绝对没有中间地带，于是有了希特勒，有了萨达姆。人类的孤立和孤独是产生极权统治的先决条件。作为一名跨文化研究者，我深刻地意识到，文化的多元化对于一个民族来讲是多么重要。

我们需要从大数据中夺回自由，告别网络，主动走出信息茧房，去倾听同一个问题引发的不同声音，尤其是截然相反的那两种声音。只有这样，我们才能更冷静、更客观。

社交能帮助我们获得更加多元化的认知，帮助我们夺回认知上的自由。

大多数成功人士都是才华横溢、不断进取的人，然而，并不是所有才华横溢、不断进取的人都会获得成功。这听上去让人难过，但它是事实。于是，我们不得不承认，在一系列的人生必备技能中，某些技能的价值要远远超过其他技能。这一点在未来社会尤其突出。

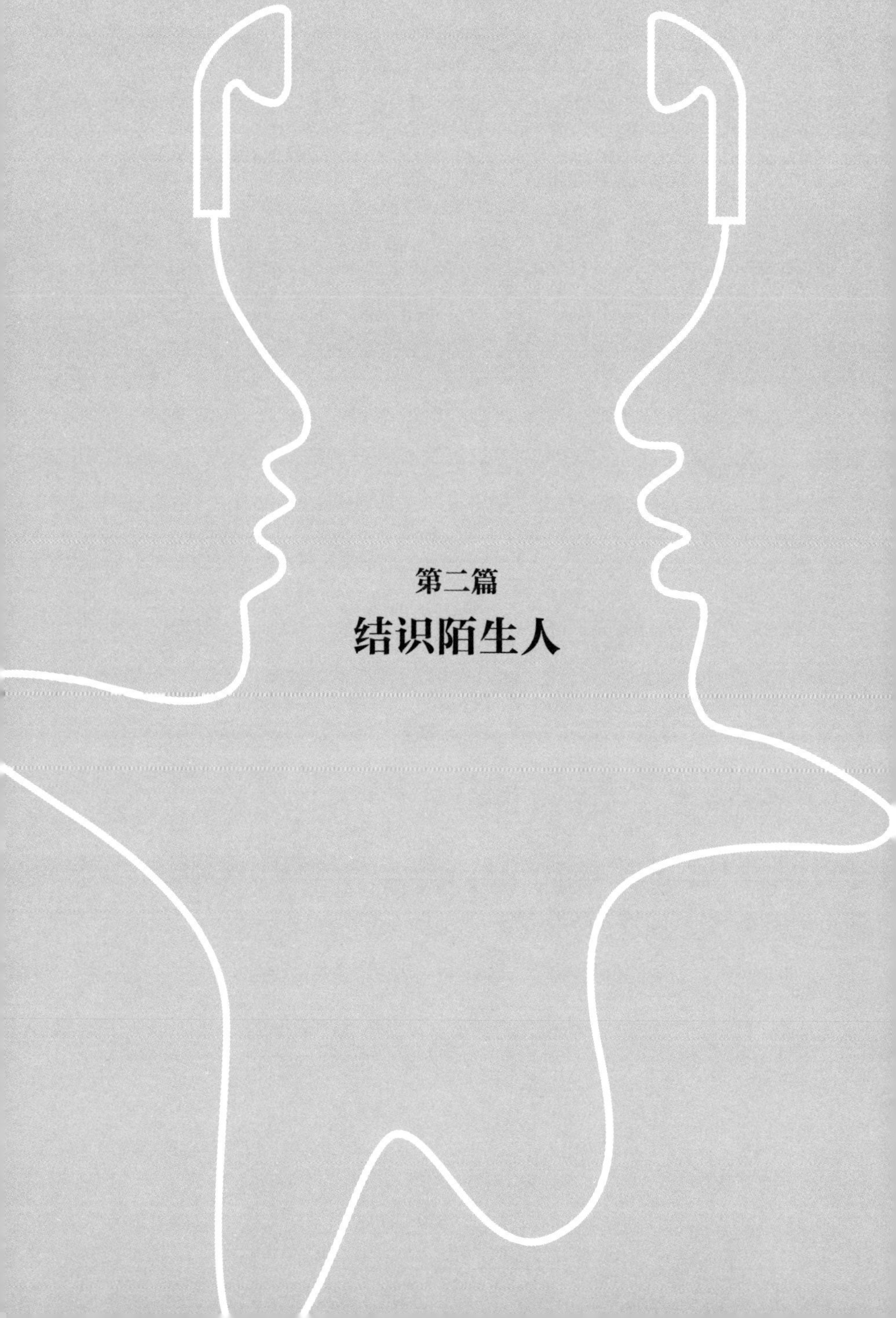

第二篇

结识陌生人

2′

沟通其实很简单：情感、逻辑与信誉

“

通过亚里士多德的修辞观，

我们立刻了解到现代交际的问题所在：

现代交际所有的焦点都集中在怎样行文上，

却没有考虑说话者的人格魅力或者情感魅力。

——西蒙·兰卡斯特　世界知名演讲撰稿人

”

如今，在市场上最受欢迎的企业培训课程中，90%以上是沟通类课程。沟通这项技能确实很复杂，涉及心理、博弈、修辞、社交等不同领域。

你不用担心，凡是复杂的事物，都有方法将其化繁为简。沟通技能可以化繁为简吗？沟通技能有终极指南吗？有的。几千年前，亚里士多德已经总结了沟通三要素：情感（pathos）、逻辑（logos）、信誉（ethos）。后人在研究沟通的过程中，从未脱离这三要素。

情感，就是创造温暖的磁场：“你喜欢我吗？”

逻辑，就是展现清晰的思考能力：“你是一个聪明人吗？”

信誉，就是绽放人格魅力：“你值得我信任吗？ ”这本来是一个长时间维度的概念，所以在一次短短的对话中，如何展示信誉是一个特别的挑战。

说得更简单些，就是柔语气、强逻辑、好信誉。亚里士多德之后所有研究沟通的人，从未脱离这三要素。不信的话，你可以用这三个要素验证一下沟通专家列出的那些沟通公式。

在《关键对话》这门课程里，当人们意见不一、情绪激烈，而且事关重大时，人们如何进行对话呢？这门课介绍了 STATE 法。

分享（Share）：分享你观察到的事实——只讲事实，不讲故事。

说（Tell）：说出你对事实的解读——可以真实地陈述自己的情绪，但不做情绪化的表达。

问（Ask）：询问他人的行为路径——为他的畅所欲言提供安全感。

讨论（Talk）：用试探性的方式谈话——不是辩论。

鼓励（Encourage）：鼓励他人尝试分享——用和“自我表达”同样程度的热切情感，鼓励他人做表达。

为了实现用说服人而非伤害人的方式进行对话，我们要学会小心翼翼地在由这三要素构成的平衡木上行走：情感（我不想伤害你）→逻辑（我分得清“推论”和“事实”）→信誉（我在沟通的始末都展现出一贯的人格：积极开放）。

西蒙·兰卡斯特在其著作《感召力》里，讲述了自己在为著名政治家、企业首席执行官撰写演讲稿的过程中的发现：要调动和控制大众，我们需要下功夫的不是对方的耳朵，而是对方的大脑。

> 本能脑："我能将危险最小化，我能让你获得最大化的回报。"本能脑位于大脑的最里层，在我们毫无意识的情况下，它的工作速度是逻辑脑的 8 万倍。
>
> 情感脑："我和你共情。"情感脑的运行速度是逻辑脑的 20 倍。
>
> 逻辑脑："我的话听上去是正确的。"逻辑脑又叫理性脑，占据了大脑容量的 85%。

西蒙·兰卡斯特提供了具体的方法，比如隐喻、重复相同语句、停顿、找到情感目标、用超短句或超长句产生不同的呼吸效果等等，这些方法可以让我们依次赢得这三个大脑。他强调："赢得整个大脑，而不只赢得其中的一部分，是具有领导力语言的领导者的优势。"

马歇尔·卢森堡博士在《非暴力沟通》中介绍了非暴力沟通的四大要素。如果你在沟通中愿意停下脚步，做一下自我反省，这四个要素就会在你身上发生奇迹。

> 观察：不评论，不臆测；观察要有依据，有事实。

感受：不与观点混淆，不是“我觉得”“我认为”，而是“我害怕”“我焦虑”。

需要：这是感受的来源。我的哪方面的需求未被满足，从而导致我有了这样的感受？不批评，不指责，而是精准地找到自己的那个需求。

请求：提出具体的、正面的请求，而不是抽象的、负面的请求。

在这段自我对话中，“观察”和“需要”用的是客观的逻辑推理；“感受”启动的是主观的情感；以具体、正面的“请求”来结尾，展现的是信誉——我们彼此信任，彼此给予，我相信我们的关系能相处得越来越好。

综上所述，沟通这门玄妙的技能可以化繁为简。亚里士多德提出的这三个要素也是本书的主脉络。接下来，我会分章节告诉你：如何在聊天中与对方产生情感共鸣——协同情感，营造安全网；如何利用“三”的逻辑——协同逻辑，展开实质性谈话；如何建立信任与协作——协同信誉，交换彼此的价值。

与他人同频共振

“

话，本来就是说给别人听的。你越会说话，别人就越快乐；别人越快乐，就越喜欢你；别人越喜欢你，你得到的帮助就越多，你就会越快乐。

说话，就是这么一件“你快乐，所以我快乐”的事啊！

——蔡康永

”

所有社会关系的建立，都始于一场对话。

事实上，你可以让任何人喜欢上你。任何人？对！

社会科学已经证明，你完全可以通过某些方法，诱导别人做出你想要的行为。如果没有这样的方法，所有的心理学家、行为学家、谈判家、培训师等，都会尴尬地失业。专家们已经探索出各种方法，通过语言的和非语言的技巧，来激发人们不同的情绪反应，并改变人们的行为。

那么，怎样才是会微交谈呢？我们有什么套路可以遵循呢？我给你举一个例子。

在茶水间里，你看到那位难得回国的首席执行官，他的手里拿着一个iPhone（苹果手机）去接咖啡。他就站在你们那张团队照片的旁边，看上去精神很好。

在这个场景中，你可以采用很多种方式开场，比如：“王总气色真好，一点儿也看不出您在倒时差。您是哪天回国的？”

除了这个开场，你的开场切入点还可以是 iPhone，或咖啡，或那张照片的故事。在聊天过程中，为了能给对方留下印象，你可以展示你的价值。比如，做个有趣的自我介绍，说出你对自己岗位的独到理解；你知道在哪里可以买到出厂价的三星手机；你知道用这个咖啡机泡出好咖啡的诀窍；你们团队有哪些有意思的新闻或小秘密。

你们在茶水间里这短短几分钟的邂逅，如果你利用得好，他一定会记住你，并且喜欢你。

在社交场合中，你和他都在观察彼此。观察什么？你们同频吗？你们有可能共振吗？

同频共振能带来莫大的幸福感。

我的很多外国友人都羡慕地说，每天在公园里参加合唱或广场舞的中国大妈们，是人群中幸福指数最高的。为什么？在同节奏的歌声和舞步中，她们暂时抛开生活的不易；她们通过彼此牵手，传递着温暖，传递着和谐。

与伴侣、孩子一起外出游玩的时光，总是记忆中最幸福的片段。为什么？因为我们的情绪和体验是同频的，在出发前我们共同期待，在困难面前我们一起紧张，在美景面前我们同时放飞自我。

为什么催眠能神奇地在人们无意识的情况下达到治愈效果？催眠的基础状态就是同频呼吸。所谓“同呼吸，共命运”，这在催眠界是一句真言。在同频呼吸中，人们打开自己的世界，催眠师走入他们的内心，在陪伴、交流和深层连接中解决他们的困扰。

在微交谈中，如何给自己和他人带来幸福感？基本方法就是同频共振，其原理就是同样频率的东西会产生共振。微交谈中的同频共振有两大要素：相似和互动。

相似指的是你在我身上看到了你自己，我在你身上也看到了我自己。社交的打开方式永远是从两人的相似点（比如，兴趣相投、观点一致、脾性相近等）开始的。如果对方是年轻人，那么你需要采用活力四射的说话方式；如果对方年纪较大，那么这种活力四射的方式就不适合了。关于如何找到相似，如何创造相似，我们会在《原来你也这样》一节里具体讲述。

在日常沟通中，你也会发现同频者很多，共振者却很少。这是因为交谈中缺失了第二大要素——互动。

简单来说，互动就是指我对你倾诉，你也对我倾诉。不是我单向传递信息给你，而是通过交谈为你创造一次愉悦的社交体验。我们在交流中达成信息对称，产生情感共鸣。

不要小看互动，一切美好都是在与他人的互动中实现的。与陌生人聊天的美，也是在互动中实现的。我们本来互不相识，却在这次因缘际遇中，在几分钟内，完成了一次相互了解和相互欣赏。我和他的互动是独一无二的，在互动中，我们创造的同频也是独一无二的。之后，我们各自离去。也许这次交流让我们一见如故，成为知己；也许这次相遇只有擦肩而过的灿烂，我们还是陌路人。哪怕我们没有缘分重逢，你的故事也已经在我的生命里变成了一串动人的音符，而你永远不会知道。这就是生命的意象，也是美的意象。

在中国，有一位比亚里士多德早出生大约200年的思想家、哲学家，老子。他主张“道”是产生万物的根本。怎样才能达到“道”的状态？只有在我们没有把自己和世界看作分离和独立的个体的时候。①

老子最反对简单的二分法和对立的视角。“道生一,一生二,二生三,三生万物。”

你看，道就是“一”，万物是一个整体。“一生二”，在这个整体中，你能看到天与地、黑与白、阴与阳。所谓“一阴一阳之谓道”，而“万物负阴而抱阳，冲气以为和”。万物是阴阳交互、和谐灵动的状态。这就是“二生三”，“三”指的是这个状态。所以，“三生万物”。

老子的“道”很适合我们用来理解社交时的互动。

为什么你说话时，他顾左右而言他？为什么聊天结束时，你急切地想获得他的联系方式，而他却有些勉强？为什么一群人说话时，你经常是那个隐形人？为什么鸡尾酒会总让你筋疲力尽？

如果你的答案是“他没礼貌”“他们目中无人”“鸡尾酒会本来就无聊”，那么这是有悖于“道”的，是过于简单的二分法。老子认为，一切二分的概念都是虚幻的。你如果总是“二分”，就会对这个世界和他人产生不合理的期望。

仔细想想，会不会是由于这些原因，你一次又一次地绕开了他聊天的兴奋点？也由于这些原因，你在交谈中从未展示自己的

① 引自哈佛大学教授迈克尔·普鸣的《哈佛中国哲学课》。

价值；在多人话局里，你不知道怎样插话进去；你没能理解鸡尾酒会的意义。

他和你，他们和你，鸡尾酒会和你，不是分离的，而是处于持续变化的动态关系中的。“道”一点儿也不神秘，它不是外在的理想，也不是内在的发愿，而是每时每刻都与世界同步，并以此复归和谐。哈佛教授迈克尔·普鸣这样说：“我们越是把世界中的各事物看作彼此分化的，就越远离‘道’；我们越是把世界看作相互联系的，就越接近‘道’，就越能获得能量。”

有了相似和互动这两大要素，人与人之间的交往就能产生同频共振的效果，我把这种聊天方式称为协同式聊天。

在接下来的章节里，我会分别告诉你，如何在聊天中和对方协同情感、协同逻辑、协同信誉。在这之前，让我们先来学一个协同式聊天的基本方法，这个方法应该被用在你的整个聊天过程中。

“说，问，说”三部曲

推进微交谈有一个通用三部曲——“说，问，说”，即先做一个自我陈述，然后问一个开放式问题，最后再自我陈述。

这个三部曲的逻辑是：不管当时对方的状态如何，你们的交谈都让他感到很舒服。

这个三部曲的第一步和第三步，都是“说”。也就是说，每次问问题的前一步和后一步都要做一些自我陈述。用陈述话语开头，而不是像对待犯人一样上来就连珠炮似的盘问；同时要准备用陈述结尾，因为你问了问题之后，有两种可能：第一种可能是，对方会滔滔不绝地回答问题，此时你就可以做一名可爱的倾听者；第二种可能是，他回应不多，那么你就要准备好退路，你的退路是用自我陈述结尾。

现在来演示一次。

你发现对方穿了件漂亮的裙子，可以做一个称赞式的陈述："裙子的颜色很衬你，这花色也很少见。"

然后你可以问问题："可以问一下，你在哪里买的吗？"

她说："我去年在马来西亚旅游时买的。"

你听到了一个有价值的信息点——马来西亚。于是你要做一些自我陈述，然后再问第二个问题："我去年春节也在马来西亚。你觉得那里怎么样？"

如果她开始滔滔不绝："我超级喜欢那里……"恭喜你，你顺利地踩中了她的兴奋点，这时的你静静地倾听就好了。

如果她还是很简短地回答："那里不错。"那么这时，你应该用自我陈述来衔接这次的交谈："去年我们带着孩子去沙巴，发生了一件有惊无险的事。幸亏那天我们取消了去环滩岛的计划，就在那条线路上，有艘游船翻了，32小时后20多名中国游客才被救起。"

这就是推进微交谈的三部曲：说，问，说。

再举一个我个人的例子：

在一个媒体举办的酒会上，我瞥见旁边的电视屏幕上出现了特朗普的镜头。我先做了一个陈述："这位美国总统一直是年度争议人物啊。”

然后我问身旁的那位男士：“请教一下，中国媒体界的专业人士是怎样看他的？”

当时我想，如果他表示不喜欢特朗普，并有一肚子牢骚，或者他很欣赏特朗普，并有强烈的分享欲望，那么我静静地倾听就好。

当时的实际情况是，他的回答得很简洁：“说实话，我对他也不大了解。”

这时我就需要挺身而出了，我又做了一个自我陈述：“我也没仔细研究过他。我只记得10年前见过我的美国老板和特朗普的一张合影，那时他的发型比现在的还有个性。当时我们都在开玩笑，幸亏没刮风啊。”

说到这儿，我和他都哈哈大笑起来。

再来试一次：

你去参加一个活动，想和旁边的人搭话。你先做一些陈述：“哇，主办方真是找对了地方，这地方真漂亮。”你顺势指指上方的吊灯：“估计价值不菲。”

然后你开始向对方提问：“你以前来过这个会所吗？”

如果对方和这个会所很有渊源，你就静静地倾听。如果他的回答很简单：“我是第一次来”，那么你就用自我陈述来做退路，你可以说，“我是第二次，上次是白天来的，没注意到这个豪华吊灯。看来，这个会所更适合晚上举办活动”。

再举一个例子：

你去参加一个冰雕展，想和旁边的人搭话，你先做些陈述：

“这里像个水晶宫。”

然后你问对方：“不知道这些艺术品是怎么做的，用模具做出来的，还是用凿子凿出来的？”

如果对方滔滔不绝地说，你就保持倾听的状态。如果对方表示不清楚，那么你需要来一句退路式的自我陈述：“我很多年都没见过这么大的冰雕了，上次都是10年前去哈尔滨的时候了。”

最后再练习一次这个“说，问，说”三部曲：

你在苹果店外排队，想和身后那个人聊天，你先做一些陈述：“北京的夏天好热呀，热得我眼睛都冒汗了。你是北京人吗？”

如果他滔滔不绝，你就倾听。如果他不善言辞，你就主动做自我陈述：“我在新加坡住过三年。新加坡更热，那里只有两个季节——室内和室外。”

在微交谈中，说得多还是听得多，完全取决于微交谈的气氛。根据对方的脾性和投入程度，平衡“诉说”和“倾听”的时间，这就是协同的技术。一个人的社交力，并不是指他的某种特质或能力，也不是指他可以落落大方、语惊四座，而是指他和对方的互动关系。

微交谈就是这样一件事情：偶然间因缘际会，诉说，倾听，双方在协同中获得能量。

3'

情感共鸣：
我懂你的世界

“

情感与信念是主人，理智是仆人。忽略情感，理智沉睡不醒；触发情感，理智飞奔而来。

——亨利· M. 伯廷格　美国作家

我懂你，像懂自己一样深刻。

——徐志摩

”

谈话，要令自己愉悦，也要令他人愉悦。创造愉悦是社交式谈话的基础。

遗憾的是，在数字化、虚拟化时代里，我们制造让人愉悦的说话能力正在逐渐退化。在声光娱乐和电子产品的不断刺激下，我们已经很难和他人进行有意义的对话了。在网络上，联络他人变得非常便捷，不仅如此，哪怕是和他人面对面地交谈，我们的对话都常常被手机来电、微信提示或各类应用程序 App 的消息打断。

可是，培育和滋养任何一种关系，靠的都是人和人的情感连接，而不是人机连接。举个例子，自从孩子上学后，我便开始观察家长们和班主任的互动。我发现，很多家长急于在微信群里向老师提要求、要资源，却忘了应该先和老师交朋友。

那些身处高科技浪潮尖端的弄潮儿，比我们更早地意识到了人们拒绝社交的危险。硅谷在近十年前就开始流行送孩子去上不配备计算机的华德福学校（Waldorf School），在这类学校里，iPhone、iPad（苹果平板电脑）以及笔记本电脑都被禁止使用。全球高科技摇篮里的高科技人士拒绝自己的下一代被高科技绑架。他们希望孩子们学习的是创造力，而不是编程；他们希望孩子们学会人和人的对话，而不是人与机器的对话。高科技人士更加清晰地认识到：在虚拟化时代，有情感触角的人更容易脱颖而出。在人工智能与人类智能比拼的时代热潮中，感性智慧反而受到了更多精英人士的推崇。

与他人微交谈，是锻炼我们感性智慧的最佳机会。如何敞开自己？如何展示关爱？如何让对方感觉安全？在一次次探索中，我们的触角会变得越来越敏锐。在交谈的进展过程中，我们同情他人，或者被他人同情；我们鼓励他人，或者被他人鼓励；我们冒犯他人，或者被他人冒犯。这些感受能丰富我们每一个人的人格。用以色列历史学家尤瓦尔·赫拉利的话来说，当你变得越来越敏感的时候，“这种体验对于你来说就是一种很好的道德知识。逐渐地，你就会分辨对错，成为更有智慧的人，这就是人生的旅程”。

在接下来的内容中，我会告诉你一些具体的技巧，利用好它们，你就可以为一场谈话的始末创造温暖的、安全的、欣喜的氛围。

打破沉默

在微交谈中传达出“我懂你的世界”，是使人获得安全感的最佳方式。我希望这种安全感是贯穿微交谈始末的。那么，在微交谈中你怎样在对方的潜意识中建立这种安全感？首先，我们可以利用开场，说出“我懂你的世界”，让对方欣慰地放下警惕；其次，在谈话过程中，我们需要不停地传达出“我懂你的世界”，产生情感共鸣。

具体我们应该怎样做呢？首先，打破沉默，说出第一句话。如何寻找合适的话题与对方聊？如何让你的开场更有滋味，让对方兴趣盎然地想和你聊下去？

大多数时候，人们会以谈论天气状况开启一场对话。可是，梁实秋曾经指出，开口便谈天气好坏，当然亦不失为一种寒暄之道，究竟缺乏风趣。我们可以试想以下情景：

> 甲说：“今天的天气好热啊！”
>
> 乙说：“是的，这两天热得难过。”
>
> 甲说：“下一阵雨就好了。”
>
> 乙说：“可不是，下一阵雨至少要凉快好几天呢。”

多么无聊又无奈的对话。

梁实秋还举了一个更乏味的开场的例子：“常见有客来访，宾主落座，客人徐徐开言：‘您没有出门啊？’主人除了重申‘我没有出门’这一事实之外没有法子再作其他的答话。”

确实，虽说开场的话不需要很机智，只做“敲门”之用，只为引出下文，但为了让对方有兴趣开门，我们也需要动动脑子。一道别致的开胃前餐也是颇令人愉悦的。下面，我介绍几种说开场白的技巧：

1. 摆对身份：冷读者 + 热捧者。

如果你是一个聪明人，又喜欢他，哪怕你们是第一次见面，他也不会完全不理睬你吧？所以，你在开场时对自己的身份设置是“冷读者 + 热捧者”。作为冷读者，你要展示你冷静的观察力，让这第一句破冰的话显得不唐突；作为热捧者，你要展示你十足的善意，在此次谈话中以给对方制造愉悦为己任。

我举个例子。如果有人和我搭讪，一上来就问：“你是做什么的？”这就有些唐突，而且不够温和。

如果一个人充分利用“冷读者 + 热捧者”的身份，先说出这样的话：“你讲话很有条理，你是从事培训工作的吗？”那么，我就会立刻喜欢上他，因为他这样问，说明他已经冷静地观察了我讲话时的特点，并夸赞了我讲话有条理。我听了当然会很高兴，既被他关注，又被他表扬，受关注的需求和被尊重的需求全部被满足了。

这就是冷读者 + 热捧者的身份的含义。哪怕当时他“冷读”错了或者他猜错了，这又有什么关系？

2. 话题切入。

身份摆对以后，你应该用什么思路来寻找合适的切入话题？我会介绍三条思路。其间，我还会穿插讲述很多例子。这些例子可以让你反复练习如何摆对“冷读者+热捧者”的说话身份。

第一条思路，从观察到的道具中找话题。

看见对方手里端着某种饮料时，你可以说：“这个饮料看上去不错，这是什么？”你冷静地观察到了他对饮料的选择，并称赞这个选择。

坐在会议室的座位上，你对邻座说：“你的装备真齐全。我能借支笔吗？”你冷静地观察了他的物品，并称赞他“装备齐全”。

面对咖啡馆里的邻座，你可以说：“你的这款 Macbook Pro（苹果笔记本电脑）是苹果今年出的高端款吧，我一直都想买。请教一下，这款好用吗？”你冷静地观察了他的电脑，并表示了自己的羡慕。

走进客户的公司，你可以说：“你们公司的品牌标志设计得很有艺术感，有什么故事吗？”你冷静地观察了客户公司最重要的符号，并称赞它有艺术感。

在客户的办公室坐下后，你看到墙角的一根鱼竿，就可以说：“这是专业级的富士鱼竿吧？您也爱好钓鱼？”你冷静地观察了他的办公室陈设，并捧他为专业级钓鱼爱好者。

看到墙上挂着一张客户团队的照片，你可以说：“您的团队像温馨的一家人，这是什么时候照的？”你冷静地观察到了客户的团队成员，并称赞他领导了一个氛围融洽的团队。

你在小区里碰到遛狗的邻居，可以先向他的爱犬打招呼，然后说："好帅气的狗狗，是秋田犬吗？"你冷静地观察到了邻居的狗的出众外表和品种，还直接称赞它帅气。

在年会上，你看到同事胸卡上的名字，你说："你的名字好特别。这个字取它的什么意思？有什么故事吗？"你冷静地观察到了他的名字，并赞其特别，并相信背后一定有故事。

在餐馆里，你看到带着双胞胎的父母，说："宝贝们好可爱，双倍的辛苦，但快乐肯定是超过双倍的！他们多大了？"

很抱歉，我把双胞胎归入"道具"类了。但我有一条屡试不爽的经验，面对带孩子的父母，你可以和他们聊孩子。你想想，出门在外，哪个父母的注意力不在自家孩子的身上呢？如果孩子安静，你就说孩子懂事；如果孩子玩闹，你就说孩子机灵；即使实在找不到交谈的话题，你也可以聊婴儿车、孩子的服饰，进而夸父母能干，把孩子拾掇得光鲜体面，或把孩子教育得人见人爱。

其实，我们周围有很多道具，线索也很多。而冷读者和热捧者的身份常常能通过一个短短的句子同时表现出来。

第二条思路，从对方身上找话题，包括他的身材样貌、穿着打扮、个人气质、内在特质等。

从对方的身材样貌和穿着打扮上找话题，你可以说：

> 你的身材如此挺拔，是因为常去健身吗？
>
> 你的麻花辫编得特别好看，我还从来没见过这种编法呢！难不难呢？

你的耳洞位置很特别，这个位置穿洞，会疼吗？

我看你戴手表和我们不一样，戴在右手上，看起来非常有个性。我猜你从事的是文化创意方面的工作吧？

你穿着马里兰大学的T恤，咱们是校友呢！

从对方的个性上找话题，你可以说：

这里很多人都认识您，您最有人气。您是从事什么工作的？

您这么幽默，打赌您是双子座的。

哇，你好会聊天，你要是做销售绝对是一名高手。

从对方的气质上找话题，你可以说：

这双高跟鞋超有女人味。如此细高的跟儿，我穿上肯定走不稳，你却驾驭得炉火纯青，和科班模特一样。

你像练过芭蕾舞，一举一动都很优雅。

根据这个思路，我们也可以倒推出这样一个技巧，提前穿戴好一个能引起对方注意的、有话题的“道具”。

我就有一个很漂亮的项链坠，是棕榈树造型的，是我哥在夏威夷买来送给我的毕业礼物。我经常在重要场合佩戴它。这个项链坠赢得了各种称赞。我就顺着对方的称赞往下讲，渐渐地，我讲故事的技巧也越练越纯熟了。

我从美国的学校毕业后的第一份工作也源自微交谈。回想起来，我用来开场的方式就是使用周围的道具。

那是一个明媚的下午，我正要走出大楼门，有一位中年男士为我拉住了门。我低头瞥见他拎着一个手工布包，就随口夸了他的包："Nice bag！"（很漂亮的包！）他眉开眼笑地说："Got it from China."（我从中国买的。）我听到China（中国）一词，有些意外地回过头，对他绅士的拉门之举表示感谢，用的是中文"谢谢"，他竟然很快地回了一句"mei wen ti"（没问题）。于是，我们同时停下来，站在那里聊了起来。那一刻，我的人生就被打开了一扇门；他得知我刚毕业，正在找工作；我得知他们正需要一位有中国背景的专业人士帮忙启动从中国运送护士到美国的大项目。

第三条思路，从当下的状态找话题。

有一种方法可以使你的个性永远吸引人，那就是真正对别人感兴趣。所以，谈话的内容不重要，重要的是你发出了这样的声音：人群中，我看到你，我喜欢你，我要告诉你我喜欢你。

一个人当时的心情和表情，以及做一件事情时的状态是认真的还是疲惫的，你只要稍加注意，就可以观察出来，并能以此作为话题切入点。比如：

看你们聊得这么投机，是不是认识很久了？

我注意到你刚刚听得很认真，今天哪个嘉宾的发言你最喜欢？

商场里的销售可以问顾客：“国庆长假这几天来看珠宝的女士特别多，外面没堵车吧？你们过来顺利吗？”或者，“听到你们在聊《我不是药神》，我一直没有时间去看。这部电影拍得怎么样？”

看你今天兴致很高，有啥开心事儿吗？

我刚到上海的时候，曾经和出租车司机用最后那个例子的话语聊天。

当时，那个上海老司机满脸笑容地帮我放行李，开门，还哼着小曲儿。

我说：“看您今天兴致很高，有啥开心事儿吗？”

他的话匣子一下子被打开了。原来他做律师的女儿今天回国了，今天正好也是女儿的生日。一路上，我们天南海北地聊开了，聊亲情，聊上海的发展，聊海外生活，聊国内生活。最后，他竟成了我的房东，当然，房租的性价比特别高。

以上就是开场找话题的三条思路——从周围道具找话题、从对方身上找话题、从当下的状态找话题。为了向对方传达“我懂你的世界”的信号，我们需要训练出一双侦探般的眼睛。这双眼睛永远选择去发现生活里的美。

如果在某个商务场合中，你一紧张就把这些思路全忘记了，那么就用最诚实的开场，向某人走过去，直接说“我在这儿一个人都不认识，你愿意和我聊聊吗？”或者，你想加入一群人的聊天，你坦然地问："看你们聊得这么开心，我可以加入吗？"或者，"我对你们聊的话题很感兴趣，我可以加入吗？"

绝大多数人都会欣然答应。你趁热打铁，做一个自我介绍，他们会告诉你他们正在聊的话题。谈话就可以开始啦。

如果不能引起别人的注意，你就没有办法和这个世界发生连接。为了做到自然而风趣地与陌生人破冰，你可以在平时做这个自我训练。当你坐在一家咖啡厅、餐馆，或接待大厅时，观察周围的人，写下你和他们可能的搭讪方式。每次至少练习 10 个。

当有一天，你勇敢地用这三条思路去破冰时，你就会发现，知和行之间的距离其实很短。

"是的，然后……"聊下去

在谈话中，我们可以不断用"是的，然后……"来证明"我懂你的世界"。

"是的，然后 ……"这个公式我听过很多次，真正领悟它还是在向一位妈妈请教问题的时候。这位优秀的妈妈向我透露了她十多年的育儿经验。她告诉我，诸如纠正问题行为、提供更多的教育平台、帮孩子养成好习惯等等，都不是最重要的，最重要的是你和孩子的关系。如果你们一直都保有密切的信任关系，那么一切问题都是可以解决的。

怎样建立和维系这种密切关系呢？"就一条铁律，不管孩子和你说什么，你的反应都应该是'是的'，然后和孩子一起探讨具体情况。”

她顿了顿，说：“昨天我儿子从学校回来，告诉我，他打人了。如果我跳起来说，你怎么能打人？那么他以后再也不会和我聊天了。我当时的反应是‘是的’。我说，那人很可恨吧？然后，我和他坐下来，好好探讨了这件事情。”

当时，我一听完真是茅塞顿开。我感激她和我分享了这条经验，让我自己在做母亲的这条道路上少走很多弯路。

“是的，然后……”就是用来证明我懂你的世界的思考方式和说话方式。这个“然后”后面接什么内容呢？可能是“让我们来一起探讨”（Let’s discuss together），也可能是“我来补充一点”（I am adding another point）。

来看下面这段对话：

> 甲：“你最喜欢吃哪个菜系的菜？”
>
> 乙：“上海菜。”
>
> 甲：“上海菜有什么好吃的，太甜了。”

至此，一个挺好的话题，就这样被聊“死”了。用“是的，然后……”聊天就可以变成这样：

> 甲：“你最喜欢吃哪个菜系的菜？”
>
> 乙：“上海菜。”
>
> 甲：“嗯，上海菜甜甜的，上海姑娘也是甜甜的。除了

甜，上海还有别的滋味吧？”

……

尤其在以下两个情境中，一定要开启“是的，然后……”模式。

情境 1：尝试加入一个新的交谈组。

你千万不要挑战他们正在谈论的话题，不要试图一加入就主导整个交谈。想一想，别人正谈得起劲儿的时候你来插一杠子，别人会是什么感觉。你要做的，是对他们，或他们谈论的话题，做积极正面的评论，同时顺势加些内容。你可以用“是的，然后……而且……”的说话模式。

他们正在谈喝茶养生，哪怕你是一名咖啡爱好者，也不要一进去就唱反调——“但是，我觉得茶叶农药残留太多，现在很多人都喝咖啡了”。

你应该采用的说话模式是“是的，然后……”。这样你既能表达自己的观点，也能让对方愉悦。“是的，喝茶绝对养生，而且为了让农药残留降到最低，我们可以用滚水先洗两遍茶叶。其实用咖啡调剂一下也挺好的。”

他们正在聊在美国迪士尼乐园游玩的经历。如果你第一句话是这样插进去的：“迪士尼里人实在太多了，排队的时间比游玩的时间多，你们下次应该去六旗游乐园。”大家听了这段话，可能想把你踢出去。

你应该利用“是的，然后……”模式，首先做充分的肯定：“迪士尼的城堡加烟花，真是游乐界无敌的。”然后你再做补充：“六旗游乐园有那种不固定上半身的过山车，也很棒，让人感觉几乎要从座位上飞起来，而且排队的时间不会像在迪士尼乐园那么长。”

情境 2：当对方抱怨的时候。

女人之间聊天，经常会听到这样的抱怨。

一位女士说：“我真是受不了婆婆在我家同住，生活得很压抑。”

这句话里满含负面情绪，如果你在接话的时候不能把负面情绪往积极阳光的方向上转，那么这次聊天可能会成为两个怨妇的批判大会。

她在说这句话时，可能不仅要和你分享这个信息，还需要情感上的共鸣；同时，这句话也有可能让她失去了安全感，因为她在做自我袒露。

你和她此时的协同，需要用“是的”给她情感共鸣——我的世界也是这样，还需要用“然后”给她安全感——其实你的世界很美。“是的，然后……”是微交谈中最好的模式。

“我也很讨厌和婆婆同住，每次我们都住不过 3 个月。”这是给她情感共鸣的“是的”。

“你们都住了那么久了，还没有出大问题，可见你的情商高过我。你先生敢这么安排，可见他对你的信任度很高。”这是给她安全感的“然后”。

在聊到育儿的时候，我们也会经常听到这样的抱怨。

一位女士说：“我家儿子越大越淘气，总是和我们对着干。”

我用“是的”给她情感共鸣：“我家那两个儿子也是，有时气得我直跳。”

接着用“然后”给她安全感：“不过也许你可以这么想，儿子可能不是在抗争父母，而是在抗争权威，否则他怎么能成长为一个不卑不亢、性格刚毅的男子汉呢？”

在谈论工作的时候，我们经常会听到各种抱怨。

一位女士说：“领导给我派的事情太多了，还不给足够的资源，这份工作真是不好做。”

这类事件的情感共鸣真是太多了，每个人都有或都曾遇到过这样的领导。“哎呀，这和我前领导一模一样，我那会儿天天加班。”

然后你该给安全感了：“其实你领导如果认为你搞不定，就不会这样要求你了。在他眼里，你是一个能力很强的干将，他在挖掘你的潜力呢。”

最后，再来看一位男士在聊天时的吐槽。

“我老婆，一遇到不顺心的事儿就成了祥林嫂，我就是一个出气筒。”

我用“是的”给出情感共鸣：“我也经常这样，我老公经常被迫揭竿而起。这在我们家很正常。”

接着我用“然后”给他安全感：“你可能不知道，作为一个女人，我敢说，只有婚姻幸福的女人才会把老公当出气筒，婚姻不幸的女人都是隐忍不发的。恭喜你，看来你让她过得很幸福。”

“是的，然后……”能带给他人情感共鸣的满足感，让他人有自我肯定的安全感。记得我在参加防身培训时，曾就职于美国联邦调查局（FBI）的教练告诉我们，哪怕面对歹徒，我们保命的方式也是让他获得犯罪的满足感、安全感。

他是谁？你认为他是谁？

在微交谈中，你还可以通过窥探和解读对方心中的自我，来证明“我懂你的世界”。

每个人都在持续地向外界释放不同的信号，这些信号体现为他的穿衣打扮，他待人接物的方式，他在社交媒体上留下的痕迹，等等。每个人都在用这些信号告诉全世界“我是谁”。

有些信号是个人有意放出来的，有些信号是他们无意间泄露的。我们要关注的是他们有意放出的那些信号，比如，他用了女儿名字首字母的车牌号，他墙上挂着的一个荣誉证书，他的网名，他个人主页上引用的一句名言，他列出的最喜爱的电影、书籍，等等，因为他们在用这些信号外化自己的优点或者特质。

这些外化优点或特质的信号，你都接收到了吗？

为了锻炼自己的接收能力，我经常玩这个游戏，在看朋友圈时，我不断地思考，这个人说这句话或做这件事，其实是想外化他哪方面的优点或特质呢？

例如，某人发布了小宝宝满月的照片，难道她仅仅想让大家欣赏宝宝的可爱吗？不，她也许想让大家注意到她的身材已经恢复到和从前一样好了，她是美丽、自律的。

某人发布了某本书的读后感，难道他仅仅想和别人分享他的见解吗？不，他也许想让大家注意到那是最新出版的图书，他处在这个时代文化思想的前沿。

某人发布了旅行照片，难道他仅仅想让大家共赏美景吗？不，他其实想让大家注意到照片中那个奇怪的、谁也没听说过的地址，那是一个小众的、有个性的景点。他不仅有钱有时间，而且更有品位。

如果某人在朋友圈什么都不发，那么他仅仅是想落个清净吗？不，他也许想展示一个不虚荣不浮躁的自己。

他是谁？这个问题固然重要，但更重要的是，“他想让别人认为他是谁”。这就是美国心理学家山姆·高斯林在其著作《看人的艺术》中提出的“自我的内在故事”，即心理学家所说的一个人对自己的解释，包含了这个人的价值观和丰富的性格特征。

由此看来，与他人建立连接是否成功，并不取决于你们相识的时间、交往的频率，而在于你是否读懂了他的“自我的内在故事”，它就像指南针，指导着你和他的一切互动。如果你们的互动能一次又一次地强化这个故事，那么你就能和他轻松地建立起真正的连接。

有了这个指南针，你会自然而然地说出这些话：

我从武夷山带回来一套竹茶具，我的朋友圈里没有谁比你更配如此清雅的东西了，送给你。

这是我所知道的最黑的黑科技，不过对你来讲，大概根本就不算什么新闻了吧。

我见过很多女强人，但像您这样能平衡好工作和生活的女强人，还真是凤毛麟角。

总结一下，你不断地发出我懂你的世界这个信号，能让对方获得安全感。在开场时，你可以用“冷读者 + 热捧者”的身份，从三条思路上找话题。在谈话进程中，你可以用“是的，然后……”来证明我懂你的世界，并敏锐地读出对方心中的自我。

原来你也这样

“

人们如果在自己周围建立一个蚕茧，并和那个与自己人生看法一致的人共同居住在那里，就会觉得混乱的世界终于有了秩序。

——莉尔·朗兹　国际知名人际沟通专家与两性情感问题专家

”

有一个理论是讨喜偏误。所谓讨喜偏误指的是，某人越讨喜，我们就越倾向于帮助他，甚至会做出一些非理性的行为，也就是更率性的行为。讨人喜欢的因素之一，就是两者在某方面很相似。动物保护组织就常常利用人们的讨喜偏误。比如世界自然基金会的宣传小册子上印的都是濒临灭绝的哺乳动物，如大熊猫、黑猩猩、袋鼠、海豹，而不是蜘蛛、海藻或细菌，因为我们对哺乳动物更有亲近感——哺乳动物与世界相处的方式更像人类，我们对它们更有好感。

当研究微交谈时，一方面，我们要认识到每个人都是独特、与众不同的。这使得一切交谈都有了意义。没错，我们互相交谈，探讨的正是自己眼中的不同世界。另一方面，我们还要认识到，为了更进一步地交谈，我们在铺垫阶段，恰恰需要利用双方的相似点来建立初始连接。我们的相同之处，而不是我们的不同之处，让我们在一个嘈杂的环境里能够迅速建立联系。

这个时代对我们的社交技能也提出了特殊要求：我们要善于找到和对方的相同点。我们不能只在和自己相同的人身上找相同之处，我们还要有本领在和自己不同的人身上找到相同之处，并与他们连接。否则，我们的生活圈子和注意力圈子将会越来越窄。

怎样发现共同之处？

首先，在交谈中寻找彼此都认识的人。比如，这场活动的组织者或其他参与者。就这个人，你可以说一段你们的交往历史，或者当初邂逅的有趣故事。举一个例子：

在一次峰会上，我和旁边的人搭讪，问他：“什么风把你吹来的？”

他回答：“王博士介绍我来的。”

王博士是这次活动的演讲嘉宾之一，他就是我们共同认识的人。我明白讲故事的时刻到了。

我说：“真高兴今天有王博士的精彩演讲，他让我对育儿有了不一样的看法。我是他的大学同学。”

对方惊讶地说：“喔，是吗？”

我故作神秘地说：“没想到当年的逃课专业户，现在成了育儿专家。每次都是他带我逃课。冲出学校后，我去电影院，他去图书馆。”

这就是一个带着青春痕迹的故事。为了让这个故事更生动，你可以利用一个讲述技巧：引入对话。我让你来自己对比一下有对话和没对话的效果。下面是有对话融入故事的版本。

我说：“真高兴今天有王博士的精彩演讲，他让我对育儿有了不一样的看法。我是他的大学同学。”

对方惊讶地说：“喔，是吗？”

我故作神秘地说：“你想不到吧，当年他经常带着我逃课。他总是吃完午饭后把饭盒一扔，摸着肚皮说‘吃得太多，坐着难受’，拉我就走。结果，我每次都去电影院，他每次都去图书馆。如果你说他是一个逃课大王，他就会说：‘在大学逃课，那也叫逃课吗？’”

你看，加入对话后，这个故事变得更生动了。你们共同认识的那个人出现在对方脑补出的画面里，变得血肉丰满起来；并且，在描述对话的时候，你的语气稍微戏剧化一些，会大大增强趣味性和戏剧性，可以让彼此充分放松。

但是如果你说，我和对方在现场没有共同认识的人，那么我从哪个方面寻找共同点呢？

我记得人类学家罗纳德·科恩曾讲过这么一件事儿。

在纳粹集中营里，要是有一人犯规，守卫经常会让所有排队的人报数，每10人杀1人。有一次，第10个囚犯走出了队伍，守卫却转身朝第11位囚犯开枪。为什么？是因为这第10个囚犯身体健壮，属于优质劳动力？还是因为他过去表现一直很好？都不是。守卫给出的原因很简单，他认出这第10个囚犯是自己的同乡。

瞧，同乡、校友就是一个亮点！所以第二个方法，就是寻找你们有没有直接或间接的同乡、校友关系。人们对同乡或校友往往有兄弟姐妹般的特殊情怀。温州人一到美国做生意，就会先找美国的温州商会；德国人一来中国做生意，就会先找中国的德国商会。

所以，你需要提前准备一些和自己家乡、学校有关的故事。“家乡”这个概念，可以是某小区、某城市、某省份，甚至北方或南方。学校这个概念，包括幼儿园、小学、中学、大学……你仔细想想，可以挖掘的故事很多。一旦和对方踩到同一个点上，讲故事的时刻就到了，双方的关系立刻就活络了。

这个方法最好能配合一定的情感浓度。你可以假想他是你当年无话不谈的朋友，但岁月流逝，你们失去了联系，你也不知道这个朋友去了哪里。今天，在这个大型聚会上，你突然认出他，你又惊又喜，往昔的回忆和情感袭上心头。你脑子里只有两个字“是你”。

不做聊天终结者

“

聊天的艺术，不仅在于倾听，也在于被倾听。

——威廉·赫兹利特　英国散文家、戏剧家和文学评论家

”

你怕不怕在微交谈中无话可说?

确实，我们身边有一些人似乎真的是无师自通，天生就擅长聊天。这是不是意味着聊天是一种天赋?其实，每个人都有呼朋唤友的基因，与人交往的基因就在你的血液里，这是人类靠群居生存下来的本能。哪怕你现在不擅长聊天，这也是你的一个潜质，也就是说，你可以靠努力挖掘这一天赋，甚至可以将其发挥到极

致。而且，在以下内容中，你会发现，内向在聊天中不仅不是劣势，还可以成为优势。内向的人更善于问出好问题、准确地自我定位和准确地回应他人。这些都和一个人的系统思维能力有关。

在聊天中，系统思维能力很重要。当人们面对面，试图了解彼此的想法时，他们必须积极保持自己的目标和计划，跟上交谈的节奏，监控交谈的进展和方向；他们还要关注重要的信息，而不仅仅是那些容易解析的信息；同时，他们要遏制某些苗头（比如某一方主宰交谈），对变化迅速做出反应，减少干扰（比如周围的噪声），扩大自己的关注范围。在这些方面，内向的人一点儿也不比外向的人差，而且内向的人显得更真诚。外向的人顶多就是破冰的勇气更佳。所以，不管你内向还是外向，都能把一场谈话聊得精彩。

具体到操作层面，我来教你三个技能，让谈话不中断。这三个技能要贯穿在每一次微交谈中。它们背后的心理学理论依据是马斯洛的需求层次理论：人有生理需求、安全需求、社交需求、尊重需求和自我实现需求。所以，你如果要获得他人的好感，就请让他感觉放松，并被关注。

如何让对方感觉放松？

第一个技能：问一个让对方感觉进退自如的问题，也就是对方可以把对话引向任何话题的问题。因此，一方面，在交谈中，你不要问那种用一个词就可以回答的问题。原因很简单，对方用一个词回答后，这次对话就结束了；而且，对方也会意识到自己是一个聊天终结者，所以对方会觉得有责任找新话题把对话主导下去。而这种情况会让他感觉很不轻松。举一个例子：

有人问我："你读过《红与黑》吗？"

我说："没有。"

他又问："那你读过大仲马吗？"

我说："也没有。"

立刻，我觉得自己像一个傻子。我想：我是不是该说点儿别的？否则他会怎样看我？

所以，更好的问题应该是："你度假的时候，一般会带上什么类型的书？"

接下来，你可以对照一下两种不同问法的差别——聊天终结者和聊天达人的问法。

聊天终结者问："你会回美国吗？"

聊天达人问："如果有一天你选择回美国，原因会是什么？"

聊天终结者问："你常去海边度假吗？"

聊天达人问："你喜欢去哪里度假？"

聊天终结者问："你喜欢恐怖电影吗？"

聊天达人问："你喜欢哪种类型的电影？"

聊天终结者问："你想念家人吗？"

聊天达人问："离开家这么久，你感觉怎样？"

另一方面，你也不要问申论题式的问题。比如，曾经有人一见面就问我："你对'一带一路'怎么看？"

我立刻感到了压力，他把思考的重任"啪"的一下抛给了我，可是我没那么多力气来回答这个问题。

所以，这个人当时更好的问法是："'一带一路'对你们那个行业有什么影响？"

这就是让人感觉进退自如的问题。这类问题遇弱则弱，遇强则强，我怎样答都可以，我会觉得很放松。

只要问对了问题，每个人就都有独特且精彩的故事可以讲述。

值得注意的是，这种发问技能并不是禁止你问只能用是或否来回答的封闭式问题，而是要求你问得出能让对方自由发挥的问题。在实际操作中，封闭式问题和开放式问题经常被穿插使用。

穿插使用是什么意思？假设你问了我一个开放式问题，让我进退自如："'一带一路'对你们那个行业有什么影响？"我回答："在跨文化培训中，我明显感觉到中央企业和国有企业的客户突然增多了。看来这些企业真的是'一带一路'沿线投资中的主力军和领头羊。"

为了让对话保持"有来有往"的节奏，你这时可以顺着我的话，插问一个封闭式问题："电信类企业算不算是投资最多的？"

我回答："电信类企业投资确实多，但最多的应该是能源类企业吧……"

瞧，这就是在自由穿插使用开放式问题和封闭式问题。关键是，在一组对话里，你要能问得出让对方自由发挥、进退自如的问题。

第二个技能：一问二答。永远不要过于简短地回答对方的问题。

所谓一问一答是指，日常生活中，我们对别人提出的问题做出相应的回复。如果我们能在回答对方的问题的同时稍做延展，说一些跟答案相关的其他信息，那么这就是一问二答。

比如，凤凰卫视著名评论员阮次山在见到新西兰前总理约翰·基时，第一句话就问："听说您的手臂摔伤了，现在好些了吗？"

约翰·基笑了一下，说："已经没事了。"不会聊天的人，可能认为这就已经是问题的全部答案了。可是这位总理是一位聊天高手，他并没有就此打住，而是继续说了下去，"我当时是在庆祝中国牛年春节的活动中不小心滑了一下，用手撑地，所以手臂就折了。他们给我打了石膏，后来这个石膏拍卖的款项都捐给了慈善基金会"。

这就是典型的一问二答。约翰·基一下子抛出了这么多信息，让阮次山可以轻松地接下话茬儿。

如果你是一个有一问二答习惯的聊天者，那么对方真的会感到很轻松。

当对方问你"你喜欢下雨天吗"，你回答"我喜欢"。其实，你还可以补充："我和男朋友就是在一个雨天认识的。细雨绵绵如果配上江南水乡，就会更有意境。"

当对方问你"你们家乡也会这么冷吗"，你回答"没这么冷"。

其实，你还可以补充："今年冬天咱们这儿真是格外冷。不过我今天穿了发热衣，最新科技成果，它真的好像在我身上发热呢。"

第三个技能：仔细聆听，然后延展关键词。

微交谈，就是在聆听的基础上展开交谈。也就是说，微交谈是延展关键词的技术。

所谓延展关键词指的是，对方讲完一段话后，你不是做总结概括（封闭式的），而是用自己发散、跳跃的思维，抓住原来信息中的关键词，扩展出一系列新信息。在一个人声鼎沸的场合，对方根本没办法厘清你每句话里的逻辑，他和你一样，听到的只是一堆关键词，当听到自己敏感的关键词时，他就会身心一振，谈话因此就会继续下去。

所以，会微交谈的人都擅长快速地抓住对方抛过来的若隐若现的信息点，并将这些信息点延展、延展、再延展。别看表面上每个人都谈笑风生，其实大家都像游水的鸭子，看起来气定神闲，但是在平静的水面下，脚蹼都在拼命地"扑扑扑"，都在竭尽全力地玩扩展游戏。举一个例子：

在健身房里，你看到一位大汗淋漓的女士，想搭讪几句："我天天来这儿，今天好像是第一次见到你。"她回答："上个月我刚从上海搬到深圳，深圳空气很好。"

如果你接下来自说自话，"这个时间段能抢到一台跑步机，很不容易"，她可能会点点头，继续迈开大步跑下去。这样，你就错过了一次邂逅的机会。

你刚刚那句话似乎是在延展，但那不是合格的延展，因为你延展的素材不是来自她的话，这也说明你不是一个合格的聆听者。

其实从她那短短的一句话——“上个月我刚从上海搬到深圳，深圳空气很好”中，你可以听出很多信息：

她是一个注重生活品质的人；

上海的空气已经不让人满意了；

她精心比较和选择后，来到深圳；

她不会固守一个城市住到老。

因此，你可以将谈话延展开，比如：

搬到新地方，你还习惯吗？

你还在哪里居住过？在哪个城市住得最久？

有没有去过深圳的海滩、红树林？那儿可是天然氧吧。

我在深圳住了8年了，你有什么特别想了解的吗？我能帮忙。

……

你看，延展的本领其实基于真正的倾听，即你是否能把对方的话放在你自己的话里面。如果你能做到，那么对方马上会觉得自己被关注了。而专注他人，是未来最高价值的技能。

专注他人，也就是识别他人的想法，并做出恰当反应，也就是同理心，它是最具人性的交往技能，尤其在计算机时代价高无比。同理心不是始于“我知道你的感受”，没有人是这么厉害的。正如麻省理工学院社会学教授雪莉·特克尔所说的，同理心始于意识到自己不知道别人的感受。因为不知道，所以才会开始和人交谈，用陪伴和承诺鼓励对方“告诉我你的感受吧”。一切联系、信任、承诺，都建立在这个基础上。同理心是可以训练出来的。而识别和扩展关键词，就是重要的训练方法。

可是，有些人在交谈中做出的聆听，仅仅是在等待自己发言的机会；还有些人的聆听，停留在很初级的一边听一边点头，或重复他的最后几个词，或看着对方的眼睛；等等。请你把这些技巧都忘掉。当一个人真正专注他人的时候，他是不需要有意展示这些聆听技巧的。

再举一个例子：

在和客户谈判的茶歇时间，你问客户：“你周末怎么过的？”他回答：“昨天和朋友去宝安体育馆打网球了。这里面包含了至少三个信息点供你延展：

他住在深圳，可能是宝安区；

他也许常去宝安体育馆；

他经常锻炼，他可能是一名网球爱好者。

你可以将谈话引导下去：

原来你也喜欢网球，我大学时每周末都打两个小时。

你住在宝安区？那儿的楼盘都在打前海概念，价格飙升得很厉害哦。

宝安体育馆是个好地方，那儿还有两个比赛级的室内游泳池。你喜欢游泳吗？

我对网球不大了解，你觉得网球的魅力究竟在哪里？

……

再比如：

在一次商务酒会上，你问道："你怎么会来参加这个活动？"他回答："活动是我们公司赞助的。"这里面包含至少三个信息点供你延展：

他也许是公司里的门面人物或渠道人物，可能在市场部、公关部、营销部等部门工作；

他也许经常参加类似的活动；

他是带着公务来的。

那么，你可以延展下去：

你们公司是哪家？我猜您是公关部的？

你们经常赞助科技行业的活动吗？

您今天最大的收获是什么？

……

在如此一来一往的问答里，陌生人慢慢地变成了朋友。

聊天是延展的游戏。不需要在微交谈中发表长篇大论，你如果真有犀利深刻的观点，就去写博客好了。

在延展关键词时，我要告诉你一个催化剂——"可不可以说说……"，这个催化剂能帮你撬开他的话匣子。如果在对方给出的关键词中，你发现有一个可能是你或他的优势话题，你就应该用这个催化剂，去催化一次更深刻的谈话。

两个人聊天，是在做平衡的艺术，这就像打网球。球在你我之间传送，有时我发个快球过去，有时你勾个慢球过来。会聊天的人都是一边聊，一边观察，他们能清晰地意识到从什么时候开始失去听众，并迅速地调整节奏和话题，将对方的注意力拉回来。在聊天中，不变的原则是：球不能永远在某一方的手里。对方接到球后，不慌不忙地把生活中的细节娓娓道来；你对他的话稍加评论，然后加上新观点，或问个新问题；他又接到球。其中的一个原则是，最好不要把球握在自己手里超过 20 秒，禁止把球握在自己手里超过 40 秒。

另外，我要郑重地提醒你，有时候对方不想和你聊下去的真正原因，还不一定是你不懂聊天，而是你在看手机！你在随心所欲地切换“在场”和“不在场”的开关，你这是“缺席的在场”，或叫作“在场的缺席”。其实这也是越来越常见的一种病态的生活状态。

聊天中必定会有沉默，而沉默的那几秒空档真的全无意义，真的就无聊到要看手机吗？请重新考虑一下“无聊瞬间”的价值，至少在我看来它有三大价值。

第一，无聊瞬间为大脑创造了留白，大脑有了留白，才有空间去思考、去回顾、去等待、去提问。在我的课堂上，总有学员见缝插针地回复手机上的短信或电脑上的邮件。我常常提醒学员：“你看一次手机，得到的是瞬间的兴奋和神经上的刺激，失去的是和课程、讲师建立亲密关系的机会。”

第二，无聊瞬间激发创造力。交谈就像人生一样，一定有沉默或无趣的片段。当交谈节奏慢下来，我们是借此机会低头发条短信，给对方留下心不在焉的印象，还是后退一步，开启新的话题，主动出击？打个比方，你和女朋友吃饭，聊完一阵儿之后，你不想看女朋友了，你能扭头去看别的女生吗？社交中的谈话没有固定的议程，边谈边有新发现，它需要你全神贯注。交谈的英文是converse，是一个动态的词，本意是“彼此照顾、彼此依靠”。

第三，无聊瞬间展示真实的自我。我们常常是在自己停顿、犹豫或陷入沉默的时候，才将真实的自我展现给了彼此。这是即兴的魅力。交谈，是目前机器干不了的事儿，可能也是我们不愿意交给机器干的事儿。

所以，请把手机这个最大的谈话终结者从眼前挪开，哪怕是一部已经关机的手机。敲黑板讲三遍：不看手机，不看手机，不看手机。

冷场急救术

“

什么是交谈？它是一个谜！它是一种永远不倦怠，对任何事情都有兴趣，从琐事中寻找愉快，从虚无中探寻魔力的艺术。

——居伊·德·莫泊桑　法国著名作家

”

每个人在交谈中，大概都遇到过即将冷场的尴尬。这时你该怎么办？也许，你会顺势喝口饮料，打量一下周围的环境，或撩撩你垂下来的秀发。除此之外，下面这三个急救术能让谈话有所转机。

第一个急救术：另起炉灶，跳跃着谈话。

如果这个话题被卡住了，你们实在聊不下去，那么你不用纠结，抛下这个话题，另起炉灶吧。微交谈本来就是跳跃式的。比如，你可以快速地问个问题：

> “问你一下，刚刚最后那个嘉宾说的区块链到底怎么理解？”你问的时候，身体可以微微前倾，向他靠近，好让这句话不显得那么突兀。
>
> 你脑子里貌似突然闪过新奇的事情，和他分享：“我今天早上在路上居然看见那种卖老式爆米花的。我都好多年没见过这玩意儿了。”
>
> 你好奇地指着墙上的画：“我一边和你说话，一边琢磨它。你看，这是一幅油画，还是一张照片呢？”
>
> ……

第二个急救术：正反回应，何时都有的聊。

当没有办法马上接话时，你不如陷入思考三秒钟，仔细回味他的话，然后做“正反回应”。也就是说，你可以根据自己是否对这个话题有共鸣，来选择做正面回应还是反面回应。正面回应就是我和你很有共鸣；反面回应就是我和你没有共鸣，但是我很有兴趣探究你的世界。比如：

对方说：“我刚从罗马回来。”

如果你在“罗马”这个关键词上和对方有共鸣，那么你可以做正面回应：“我上周刚刚重温了《罗马假日》。真正的罗马和电影中的罗马有什么区别？”

如果你一时在“罗马”这个关键词上和对方没什么共鸣，那么你可以做反面回应：“我从来没有去过罗马。罗马有哪些地方值得一游呢？”

又比如：

对方说：“我是神经内科医生。”

如果“神经内科医生”这个关键词经常出现在你的生活中，你很有共鸣，那么你的正面回应可以是：“我哥就是研究神经学的。你们肯定有很多可以交流。他现在是哈佛大学的博士后。”

如果你对“神经内科医生”这个关键词实在无感，那么你的反面回应可以是：“对于我这个文科生来讲，你们这一行貌似很高深，你们经常用小白鼠来研究什么？”

通过正反回应，你带入了更多的信息点，然后双方都可以在这些信息点上进行延展。一个快要谈“死”的话题，可能就这样“活”过来了。

第三个急救术：移花接木，转向大众话题。

如果对方在讲一个你完全接不住的小众话题，这个话题涉及的领域和你没有交集，你又担心冷场，那么你不如巧妙地从小众话题切换到大众话题，聊那些人人都有话聊的话题。

比如：

对方问你：“你玩游戏《英雄联盟》吗？我正在挑战战争学院奥德赛任务。”

你从来不玩电子游戏，完全听不懂他在讲什么。这是一个你不想接，也接不住的话题。

这时，你可以移花接木，把专业类话题转到生活类话题上：“《英雄联盟》现在很火啊，可惜我太忙了。你平时都是什么时候玩？女朋友会一起玩吗？”

再比如：

对方说：“世界杯这么快就落幕了，本来我还说要和球友去俄罗斯呢。唉，真是遗憾。”

你从来不看世界杯，也明显不是他的球友。这也是一个你不想接，也接不住的话题。

你可以移花接木，把足球的话题转到锻炼身体的话题上：“我听说喜欢看球的人都喜欢踢球，你经常踢球吗？”

两个人之间的交谈，本来就是时而优雅缓慢，时而奔放热烈。没人能始终保持高能量、快节奏的对话。所以，谈话的节奏时而会慢下来，也挺好的。遇到快冷场的时候，你不用紧张，顺应节奏，从容地谈下去就好。

回应式倾听

“

很少有人能够拒绝接受那种带有恭维性的认真聆听。

——杰克·伍德福德　美国著名小说家和非传记作者

”

在社交场合里，建立关系远比说服他人更重要，因为人类经常靠感觉来做判断，理性只是提供了辅助工具。举一个例子，儿子的学校突然决定要扩建教学楼，想把学生分流到其他学校，于是临时召集家长投票。其实理性地思考一下，校舍装修确实会产生污染，而且分流的学校也不远，但是大多数家长被学校的临时决定激怒了，纷纷投了反对票。再假设一种情形，在选举时，我们以为自己理性地比较了不同候选人的参选纲领，实际上却被某位候选人的魅力蛊惑。与用脑相比，人更倾向于用心。真正的交谈，是交心。而回应式倾听（responsive listening），展现的就是你在用“心”倾听和回应对方。

什么是回应式倾听？它是你一边倾听一边频频点头，或者一边倾听一边重复对方话语中最后的几个字？当然不是，这些表面的技巧都不重要，甚至，这些表面的技巧还会起反作用。说话的人可能会想：“我说的话如此没有吸引力吗？竟需要你用这些聆听的技巧来保证自己不会走神吗？”

真正的回应式倾听，是一种高度共情式的倾听。它指的是补充对方没有说完的话，鼓励对方说出他最想说的。

我们怎样才能做到回应式倾听？我会介绍两个由浅入深的方法。

第一个方法：他讲观点时，你补充事实；他讲事实时，你归纳观点。

首先，当对方在讲观点时，你补充事实。比如：

对方说：“现在很多企业都争着要挤上共享经济的顺风车，但这个车也不是好坐的。”

你接话道：“对啊，没有必要强行套上‘共享’的名头。有的是真共享，有的是假共享。共享充电宝其实就是租赁嘛。”

对方给出了观点，你用事实做了支撑。他的观点是“大家没必要都争着挤上共享经济的顺风车，因为这个车不好坐”。你给了一个支撑事实，即“没错，共享充电宝就在强行借用共享这个名头，其实还是在做租赁”。

注意，在陌生的环境中，对方在说观点时会有些兴奋，因为他抛出了一个看不见的绣球，想看看你是不是有缘接到球的那个人；同时，他也有些惴惴不安。你必须给出一个支持性的回复，给他提供安全感。

再举个例子。

对方说：“我觉得，其实安插商业间谍比搞研发更有效率。”

他提出了一个很大胆的观点。你赞同与否并不重要，因为观点本身不是最重要的，尤其在你们初次相遇的场合中。

如果你一上来就给出这样的回应——“间谍？这事儿太没道德底线了吧”，那么你虽然占据了道德高地，但这场谈话也被你终结了。

你可以马上补充事实，给他的观点一个有力的支撑：“当年民主德国就用过这一招，在联邦德国安插了大量商业间谍，并帮助他们在西门子、通用电气、IBM（国际商业机器公司）

里步步高升。”

你若这么聊，那么对方一定会觉得很来劲儿。

你要多解释，多支持，少辩论，少主张，因为这不是一个非黑即白的世界。千万不要持“不容挑战、不容争辩”的姿态去聊天。我最害怕“批斗式”的聊天者，每次都避之唯恐不及。

人与人初次相遇，“支持”对方的观点会直接增进彼此的“信任”。初次交谈时，双方都不宜过于提高自己的存在感，你应该提高的是自己的理解能力和宽容度。与陌生人的微交谈，是我们学会自我控制、同情他人的好机会。

其次，当对方列举事实时，你应该为他归纳观点。比如：

对方在吐槽自己的婆婆：“唉，我家搬新房子，怎样装修，买什么家具，她都要插一脚，非逼迫我先生为她安置一个单人床；我儿子放学后，非要带他去一个免费的课外培训机构蹭课，我说不要去吧，她第一时间找我先生告状。”

你归纳的观点是：“对啊，婆媳关系就是一个谎言，三角关系才是真相。”

瞧，你用观点有力地支持了她罗列的诸多事实。你不用评判谁对谁错，只需要帮她归纳一下。你归纳的这个观点可以很好地推进对话。接下来，你们俩可能会就如何建设三角关系展开讨论。

再举个例子：

> 对方在描述自己在职场上的遭遇："当客户不满意的时候，我作为产品经理，发现和客服经理沟通起来真是难上加难。他想大事化小，小事化了，我却觉得这个事件不能绕过去，要彻底解决。如果我出来牵头解决，他又觉得我好出风头，还感觉自己受我摆布。"
>
> 你接话的时候，可以对这类在职场上频繁出现的糟心事儿做归纳："这就是横向领导力，其实也是我们这个时代最需要锻造的领导力。不知道你有什么好资源来学习这种领导力吗？"

你进行回应式倾听，就像做对方的回音壁，不是一个简单的鹦鹉学舌的回音壁，而是带入了自己的理解和阐述的回音壁，你帮他说完了后半句。

第二个方法：提供氧气，让微弱的火花燃起来。

人的说话速度远远慢于人的思维速度。所以，倾听者走神是一件很自然的事情。我教你一个方法，既不会让你走神，又可以对谈话起到推波助澜的作用。

你一边听一边想，他这样说到底想表达什么，也就是说，你给自己加一个思考任务——他说这个，其实是想表达什么？比如，当对方热情地问你"周末过得怎么样"时，他其实是想聊聊自己的精彩周末。当你的大脑不断地揣测他的弦外之音时，你就不会走神了；而且，你还能成为一个真正的倾听者。再举个例子：

你说："您的胸针真漂亮，在哪里买的？"

她说："是我儿子用领的第一笔工资，在巴黎买给我的。"

你说："原来是在时尚之都巴黎买的。"

这段对话看似流畅自然，可是我觉得还有提升的空间。对方说"是我儿子用领的第一笔工资，在巴黎买给我的"，她自豪的是什么？她为什么不简单地回答是在巴黎买的，而要提到儿子，还提到第一笔工资？其实，她想和人分享的不是这个胸针，也不是巴黎，而是她与儿子的故事。你找到这个火花了吗？

刚刚那段对话可以这样进行：

你说："您的胸针真漂亮，在哪里买的？"

她说："是我儿子用领的第一笔工资，在巴黎买给我的。"

你说："您真好福气。我当年领第一笔工资的时候光记得给女朋友买礼物了！您儿子在巴黎工作吗？是什么行业的？"

……

所以，我们在倾听的时候，要不停地想"他说这些话，其实是想说什么"，"我听到他问的是这个问题，他为什么会问这个问题"。

不要让火花过早熄灭，给予它氧气，让它熊熊燃烧起来吧。

再来看一个例子。

你在某早教机构和一位妈妈闲聊。

你夸赞道："你气色真好，精力充沛，是经常锻炼吧？"

她说："是啊，我一周去上三次瑜伽课。"

你说："难怪啦，瑜伽最近很火。"

这段对话也有提升的空间。对方透露了"一周上三次瑜伽课"的信息，她真正想表达什么？难道只是想说明自己是一个紧追潮流的人？当然不是。追赶潮流从来就不是什么了不起的事情。

其实你可以这样聊。

你夸赞道："你气色真好，精力充沛，是经常锻炼吧？"

她说："是啊，我一周去上三次瑜伽课。"

你说："一周三次！你真有毅力。我的健身卡总是用了第一个月就被闲置了。你是怎样坚持下来的呢？"

……

你找到的火花是"她坚持不懈"。另外，你还可以这样聊。

你夸赞道："你气色真好，精力充沛，是经常锻炼吧？"

她说："是啊，我一周去上三次瑜伽课。"

你说："一周三次！这个频率单身女人大概能做到，对于妈妈们来讲可实在少见。你是怎样做到平衡家庭和自我的？"

……

你找到的火花是"她平衡生活的能力"。在正确的火花上供给氧气，对方一定感觉更愉悦，更想和你把天聊下去。

再举一个例子。

对方说："我还挺喜欢研究烹饪的，周末的时候会试验一些大菜。"

你说："现在会做菜的女人很少了，真心享受烹饪的就更少了。烹饪是每个人都需要体验的一门学问，遗憾的是现在很多人都没有精力来研究。我相信，研究这门学问的过程能直接提升全家人的生活质量和幸福指数。你的家人很幸运！"

你找到的火花是"她带领全家创造幸福的能力"。她会觉得和你说话很带劲儿。

聊天中最容易犯的错误是，在忙着分享信息、讲述故事的过程中，忽略了对方——他今天来到这里，心情平和吗？情绪愉悦吗？状态自然吗？

我们在花时间整理和输出自己的信息的同时，也应该及时捕捉对方释放出的那些显性和隐性的信息。

令人遗憾的是，现在人们的倾听能力越来越弱。因为社交媒体教我们的不是倾听，而是有效传播。我们在"读人"方面没有越变越强，我们修炼得更多的本领是"如何让自己更闪亮"。朋友圈互相点"赞"的动作很多，有质量的留言却很少。我参加的同学聚会，每个人都拿着手机，不是拍照，就是回短信。可怕的是，在聚会礼貌中，甚至出现了不成文的"二人法则"或"三人法则"：大家默认，只要有两三个人没看手机，其他人就能心安理得地玩手机。在这种聚会文化下，没有真正的交流。

如果你能始终用我介绍的两种方式做回应式倾听，那么，你聪明与否、博学与否，都不重要。真正重要的是，对方忽然觉得，他说的话你都接收到了，而且理解得很准确，你就是他的知音。

将权杖赋予他

“

一方面，给出建议能提升建议者的权力感；另一方面，追求权力的人总是很喜欢提建议。

——《提出建议：通往权力的微妙路径》

”

不同的心理学家都先后得出一个结论：人们都有提出建议的需求——获得权力感。哪怕人们在提建议时不是为了追求这种优越感，但在提完建议后，人们也能轻易地感觉到自己更优越了。2018年，在论文《提出建议：通往权力的微妙路径》（Advice Giving: a Subtle Pathway to Power）中，新加坡管理大学的迈克尔·谢勒尔、南加州大学马歇尔商学院的利·托斯特、欧洲工商管理学院的黄莉、哈佛商学院的弗朗西斯卡·吉诺，以及杜克大学的里克·拉里克用4组实验同时证实了这个观点。

我们不妨直接拿来这个实验结果：在交谈中，主动将提建议的权力让给对方。让我们放低姿态，诚心请教。比如：

你问对方："你来上海多久了？"

他说："三年。"

你接着说："我刚来，正在考虑要不要留下来呢。请教一下，你最喜欢上海生活的哪些部分？"

当他发现自己的经验和看法受到了关注，他的参与度会更高。

再比如：

你问聚会上刚认识的一对夫妇："你们结婚多久了？"

他们说："十年。"

你接着说："看到你们恩爱的样子，我想取取经。虽然我还没结婚，但我正在交女朋友。让一段感情历久弥新的秘诀是什么？"

再比如：

你在某餐会上，你和旁边的人搭话："我看你吃得好健康，盘子里都没有肉。"

他回答："我是素食主义者。"

你接着说：“哦，最近我也刚刚开始素食。请教一下，素食对你的生活有什么改变？”

在放低姿态、诚挚请教的同时，你也延展了话题范围，让对方更顺利地和你聊下去。

如果仔细研究我上面罗列的例子，你就会发现，为了让对方更愿意认真地提建议，我还做了一些自我袒露。一开始自报家门的时候，我说出了自己的身份弱点，这样，对方提建议就是一件很自然的事情了。在上面的三个例子中，我的身份分别是刚来上海的居住者、没什么感情经验的恋爱者、刚刚开始素食的人。

反过来，在谈话过程中，如果对方把权杖赋予你，让你提建议，这时，你需要注意什么？你不要用“这个我也没经验”一把把人推开，这样的回答很无趣。你可以大大方方地顺着对方的好意，接过这把权杖。你只需要记住，在给他提建议的时候，也要给他一个褒奖。

比如，如果是对方请教我要不要留在上海，以及我最喜欢上海哪些地方，我在提建议的时候会适时地对他褒奖一番，他一定会感到很愉悦。我会先说“我觉得你做了一个很明智的选择”，然后说“上海有很多可爱的地方，我最欣赏它在摩登繁华的一拐角，就有市井百姓的生活”。

再比如，对于上文中那个请教婚姻问题的小伙子，我会给他一个建议——“培养一段长期的、共同的爱好吧”，然后再褒奖一下——“你这样用心，一定会收获好姻缘的”。

再比如，对于那个请教素食对生活的影响的人，我可以这样建议：“素食让我减了 10 斤肉。”然后，用褒奖结尾——“对于你这样苗条健康的人来讲，素食会让你更加精力充沛”。

在社交场合中，让对方愉悦的方式有很多，我觉得诚心请教是一种最有意义的方式。我的儿子一旦做出了得意之作，一定会大叫：“妈妈，你看！”在我的微笑和赞美中，他小小的虚荣心得到了莫大的满足。如果我追问一句：“这么漂亮的东西，你是怎么做出来的？”他会深吸一口气，开始滔滔不绝地讲述……

我们的一生，都在寻找妈妈的那份笑容和那声赞叹。

4′

“三”的逻辑：展开核心交谈

“

我相信你比我聪明，所以，我只和你说智慧的话。

——戴愫

”

人的大脑是用来感知秩序的。如果事情过于零散无序，大脑就会出现惰性，也就是说，说话的人如果没有逻辑，对方就开始也不动脑子讲话了。两个无脑的人，会让交谈无趣且无聊。

有逻辑的表达，就是有逻辑的思考。但你也不用紧张，一场即兴谈话对逻辑的要求并不高，你只需要掌握一些简单易操作的方法，就会让人印象深刻。

我着重向你介绍说话“三原则”。你一旦掌握了简单的“三”的逻辑，说起话来就会既有底气和才气，又不显得自以为是或卖弄学问。

在古罗马学校里，为培养演说家、雄辩家，学生们会学到“三”的修辞学。“当我们用三句话或三个词来论证时，可以创造出完整的、确定的和令人信服的错觉”。比如林肯在葛底斯堡演说中提到的“The government of the people，by the people，for the people”（民有、民治、民享的政府）；恺撒大帝在小亚细亚吉拉城大获全胜时，说的三个拉丁语单词：Veni！ Vidi！ Vici！（我来了！我看见了！我征服了！）你看，当短语或句子成三出现时，很有节奏感和冲击力。

在中国文化里，“三”象征“完整”。古人谈到宇宙，是指日、月、星三光；谈到一天，是指早、中、晚；谈到一时，是指三刻。古人所称的“三尊”，是指君、父、师。古人结婚要三拜，敬酒需过三巡，方算礼成。古人做事提倡“三思而后行”，这才是考虑周全。

如果在聊天的时候，你能围绕“三”来推进，就说明你瞬间做了一次“完整”的思考。你是个聪明人，展示了令人肃然起敬的智慧——会用“三”的人，特别有逻辑。

回想一下，我们爱听的故事是不是都和“三”有关？三打白骨精——如果只打两次，不够精彩，如果打了四次，又太拖沓；另外，还有三只小猪、刘姥姥三进荣国府、三打祝家庄、二借芭蕉扇、三顾茅庐……

“三”是最容易习得的有条理的说话方式。用“三”来锻炼自己的逻辑“肌肉”，练出肌肉的记忆效应——同一种动作重复多次之后，肌肉形成的那种条件反射，人体肌肉获得记忆的速度十分缓慢，但一旦习得，其遗忘的速度就会十分缓慢。你一旦具备了说话的习惯性逻辑，想要突然失去逻辑也是很难的。

接下来，我会展开告诉你如何用“三”的逻辑让葫芦开嘴儿，“哗哗哗”地倒出精彩的语言。

扮演三次苏格拉底，聊到核心

“

未经审视的人生，不值得度过。

——苏格拉底　古希腊哲学家

”

古希腊著名哲学家苏格拉底擅长用问题引出他人的思考和灵感，他的一个有魔力的问题——“为什么，为什么，为什么”，有可能让一次谈话产生真正的意义，甚至让对方重新认识他自己。

我建议你在对话中可以扮演三次苏格拉底，展示自己强烈的好奇心，引导对话输出成果。

当然，你发问的表达方式要多样化，比如，除了“为什么”，你还可以问“什么的原因是什么”，或者“我不太懂你的意思，能再解释一下吗”；同时，你要在发问中加入一些自我陈述，让它不会变为连续的盘问。

举一个例子：

我曾在北京参加一个商业峰会，与某位投资人进行了一次微交谈。他看上去是一个内向的人，话语不多。说实话，我不太懂他的行业，我也有点儿紧张。于是，我想办法把对话从严肃的商业往好玩儿的娱乐话题上靠。

我说：“晚上会议结束后，我准备去看皮克斯的动画电影《寻梦环游记》。”

他说：“你还没看过啊？它一上映我就去看了。”

我有些惊讶，他这个大忙人说他一上映就看过了，我问：“为什么你对这部电影特别感兴趣？”

他回答道：“最近我对皮克斯制作的电影特别感兴趣，上周在家里休假，每天入睡前都选一部它的片子看。”

我觉得这个话题似乎可以聊下去，于是我继续问：“我也喜欢皮克斯的电影，每部都想象力爆棚。你入睡前看，有什么特殊原因吗？”

他想了一下，说：“我发现看了以后可以治疗失眠。”

这又是一个让我惊讶的回答，我继续问：“哦，真的？我很好奇，这些动画片怎么可以有助于睡眠呢？”

他思考了几秒钟，给了我一个让我至今难以忘怀的回答：“嗯，有些成人世界里打不开的结，在儿童世界里找到了答案。”

我站在一旁，能观察出他说完这句话后一副对自己的回答很满意的表情。我相信，这个短短的对话让他也难以忘怀。

用“为什么”追根溯源，往往能助推你们彼此的了解，尤其是在聊到这几个话题——人生中的某次重大转变、人生路径的某次转折、某项事业的开端或终结——的时候。一旦遇到这几个话题，你不妨尝试着深入聊下去。

我记得有一次，当对方扮演苏格拉底的时候，我聊出了自己内心最真实的声音。

他当时半开玩笑地问："很好奇你为什么从国外回来？是因为爱国吗？"

"哈，我挺爱自己的。"我也半开玩笑地回应。

"咦！此话怎讲？"他追问下去。

对啊，我为什么回国了？论住房条件、教育环境，国外其实对孩子是更好的选择，那么我回国是单纯地为了照顾父母吗？好像也不是。不是为了孩子，也不是为了父母，那可不就是为了自己吗？

我说："我不想在职场上受困于第一代移民的那个天花板。"

他继续问："为什么？"

"嗯，让自我价值最大化地实现吧。"这次的回答我接得很快，同时有畅快之感。我畅快于找到了自己内心的声音，当自己无数次盘算着回国的得失之时，这就是最好的答案。那天我还意犹未尽地补充了一句："哪里有好机会，我就毅然决然地去哪里，这就是我目前人生阶段的行动指南。"

有人不喜欢社交，可能因为从来没有人和他人聊到过本质、核心、真实的内容。会聊天的人，会在对话过程中引导出本质、核心、真实的内容。

我记得有一次和一位全职妈妈聊天。她名校硕士毕业，以前在职场上也春风得意，可有了孩子后，待在家里做起了全职妈妈。

同样作为妈妈，我对她的选择很好奇。

我问：“冒昧问一下，你为什么舍得辞掉工作？”

她坦率地说：“我其实也很犹豫，但实在找不到能帮忙照顾孩子的人。”

我关切地问道：“为什么找不到呢？你父母、公公婆婆，保姆都帮不上忙吗？”

她想了想，说：“嗯……他们照顾不好。”

我马上发现此处有话题，继续问：“为什么这么说？我妈妈帮我照顾两个孩子，我还是很放心的。”你注意到了没有，为了让她感觉自在，我做了自我袒露。

这位名校硕士妈妈思考了几秒钟，很笃定地说：“其实也不是照顾不好，不应该用‘照顾’这个词，应该用‘教育’这个词。他们的育儿理念和我不一致。孩子如果在育儿理念不一致的环境下成长，我日后再努力纠正，其实花的时间更多，还不如一开始就完全按照我的思路来育儿，反而会为我日后节约大量时间和精力。”

好一笔精明账！我点头称是。她也露出得意的神情。

悄悄地告诉你，在我的课堂上，我特别期待那些能连续问“为什么”的学员。他们往往能引发课堂上的一个小高潮。

我记得有一次提醒学员，要利用一切机会来操练商务写作这项技能。有位学员就问我：“戴老师，为什么？我们真的没有时间来仔细推敲每封邮件该怎么写，工作本来就很忙了。”

我说：“因为商务写作这项技能比你的专业技能更重要。”

“啊？我是凭专业吃饭的。”这位学员也问得很执着，“为什么说写作技能更重要？”

我回答：“写作技能是职场人士一项必不可少的软技能。”

他对我的这个回答显然不满意，继续问出了第三个为什么：“我知道软技能很重要，但为什么说它比专业技能更重要？”

这是一个我一定要好好回答的问题。我清了清嗓子说：“科技的发展将使你们这一代步入百岁人生。在漫长的岁月里，专业技能会被更新迭代，甚至被颠覆，你们的职业选择会不断地改变，你们已经没有所谓固定的人生剧本了。其中，健康和时间是你们最大的资本，软技能就是你们最大的价值。所以，你们应该利用健康的身心，留出充裕的时间，去不断地修炼自己的软技能，为未来做准备。”

这个学员用三个“为什么”，问出了我整个课程的意义。我很感谢他。

每一次对话，哪怕只有几分钟时间，你也有可以巧妙地将它转化为一次让对方思考的机会，或者转化为一次自我拷问的机会。这就是微交谈的意义。与陌生人相遇，不仅能发现一个新世界，还能一次又一次地用全新的视角看待自己早已熟知的那个世界。

时钟加环球计划，聊出哲学趣味

“

会思考的人思想急速转变，不会思考的人晕头转向。

——**克柳切夫斯基** 俄国历史学家

”

加拿大著名学者基思·司派瑟博士 1992 年出版的《驻足思考》获得广泛好评，中国的竞越顾问公司把“驻足思考：瞬间整理思路并有力表达”这门课程引入国内，教大家如何瞬间整理思路，做清晰表达。快速、清晰，这不就是微交谈的场景吗？如果你正在读这本书，我向你推荐这门课程。

在“驻足思考：瞬间整理思路并有力表达”这门课程中，有两个方法给我留下了深刻的印象：时钟计划、环球计划。它们指的是撷取三个时间点或地点，来快速整理思路的一种说话方式。

我喜欢这两个方法有以下原因：

原因一：简单易学；

原因二：借用上天视角，聊出了哲学趣味；

原因三：把抽象的概念转化成了具体生动的谈资。

比如，在和别人聊到我家那两个调皮的小男孩儿的话题时，我常说："他们俩每天都惹事儿。"短短的一句话显得很单薄，于是我启动了时钟计划：

在他们还不懂事的时候，我常常恼怒于他们做错事情；

现在他们半懂事不懂事的时候，我经常琢磨的是为什么他们会这么做；

等他们懂事以后，我想我应该更多地琢磨"良"和"不良"到底如何界定。孩子通过抗争父母，建立起所需的刚毅，不卑不亢地面对权威，成为一个性格强大、行为真实的独立个体。这不正是我们希望的吗？

在这一段话中，时钟计划体现在三个时间段：他们还不懂事的时候，他们半懂事不懂事的时候，他们懂事以后。

我还听过有人这样用时钟计划聊亲子关系，着实让我佩服。

6 岁以前，父母是孩子的陪伴，伴他笑，伴他闹；

7 到 12 岁，父母给孩子提供指导，让他明是非，辨善恶；

13 岁到 18 岁，父母要给予孩子尊重，尊重他的喜好和选择。

这段话的时钟计划更明晰，它将孩子的成长历程分成三个阶段：0~6 岁、7~12 岁、13~18 岁。这是不是让你觉得聊得有智慧、有气魄？

环球计划则有场面延伸的恢宏大气。比如，谈到我生活的变迁，我经常这么聊：

我在华盛顿住的时候，这个城市的沉稳大气让我学会怎样掩盖自身的锋芒；我在新加坡住的时候，这个小国家的刻苦耐劳的气质让我也不自主地跟着努力奋斗；我在深圳住的时候，这个带着中国走向未来的城市让我感受到前所未有的乐观和大胆。

谈到我的爱好，我也经常三次变换场景：

在家闲来无事的时候，我喜欢研究烹饪，做几个大菜；在出差途中，我很享受一个人读电子书的状态；度假的时候，我会把自己带回童年，和孩子们一起打闹嬉戏。

又比如，聊到深圳的自然风光，我们可以这样聊：

> 要想领略高山的百年栈道，你可以去梧桐山徒步；要想领略气势非凡的海岸线，你可以去东部世界最长的沿海栈道徒步；要想挑战自己体能的极限，你可以走最难的三水徒步路线，做好准备翻越33个山头。

再比如，对方恰逢20岁生日，我们套用环球计划来聊最合适不过了：

> 20岁啦，你在中国很幸福。如果在马赛，你今天必须捕猎一头狮子回来；在埃塞俄比亚，你要光着身子从牛背上跳过去；如果在赞比亚，你要跳进维多利亚瀑布游一圈。怎么样？今天要不要自我挑战一下？

你看，我们的世界在时钟计划和环球计划这两个三棱镜的折射下，错综复杂，熠熠生辉，让人浮想联翩。

这不禁让我想到唐诗的美：

> 前不见古人，后不见来者。……
> ……大漠孤烟直，长河落日圆。……

著名作家蒋勋先生赞叹，唐代诗人是用另外一种宇宙观去看待生命的状态的，有一种“时间和空间的扩大”。唐诗的独特在于“原本定位在稳定的农业田园文化的汉文学，忽然被放置到与游牧民族关系较为密切的流浪文化当中”，它提升了中国人对美的感受。

距唐代 1 000 多年之后的今天，时间和空间的坐标轴被放到了最大，我们体验到的是更为雄奇瑰丽的人生。何不聊出来？

三层洋葱皮，层层深入

“

你会发现自己对关于物质的肤浅话题丝毫不感兴趣。漫无目的的闲聊很快就会耗光你的耐心，但你却很乐意与人进行有深度的沟通。

——伊尔斯 · 桑德　丹麦著名心理治疗师

”

有些人很擅长通过微交谈和他人建立深层次的联系，不管是在何种情境下，对象是谁。不同的情境和不同的对象会构成不同的挑战。然而，在种种不同之中，我发现了某些可循的模式。

会微交谈的人，善于抓住机会让交谈更加深入。最常用的方法就是：逐层剥洋葱皮。怎样逐层剥呢？信息、观点、感受，逐层往里剥。这个方法很容易将对方自然地带入一场深入的沟通。如果越谈越投机，那么两个人可能都会一反常态地一见如故，聊出赤诚心声，聊出人生悲喜。

我们来研究一下这三层洋葱皮。

信息：在社交中，信息是敲门砖。以询问信息或提供信息的方式来破冰，双方都有安全感。简单的破冰话语有“今天真冷啊”“味道怎么样”“你等了很久了吧”“看这样子，可能要下暴雨了”等等。

观点：经过交换信息的阶段后，双方就会进入交换观点和感受的阶段，在这个阶段能与对方建立信任。我们每天都处于信息的狂轰滥炸中，如果能从信息中形成清晰的观点，就会显得弥足珍贵。尤其是，当你的观点和主流观点不一样，且没有冒犯对方时，这是一种巨大的社交能量。

我记得丹麦著名的心理治疗师伊尔斯·桑德介绍过一种“角色层次”的对话方式，也就是根据自己某特定角色来展示自己。

比如，你作为幼师给出育儿的经验：“孩子哭闹时，我认为最好的方法既不是置之不理，也不是呵斥他停止，只要静静地过去抱抱他就好。”

又比如，你作为出租车司机提供关于出行的看法：“我和你说句实话，你晚上能不打车就不打车，因为司机白天开了 10 多个小时的车，到了晚上，都是疲劳驾驶族。”

善于微交谈的人，会寻找一切时机从信息切换到观点。谈论“排队”这个信息的时候，他会说说“这次活动怎样可以更吸引人”；谈到“交通”这个信息时，他会谈谈“这几年城市建设的变化”；谈到“狗”这个信息时，他会聊聊“自己对不同宠物的研究”。

感受：指爱与憎、情绪、感受。能否与他人做一次情感丰沛的交谈，可能是人与人工智能最大的差别。以色列历史学家尤瓦尔·赫拉利在《今日简史》中提到，没有理由相信人工智能会获得意识。顾名思义，人工智能拥有的是智能，也就是分析、解决问题的能力，但它们不具备感受痛苦、快乐、沮丧、失望、愤怒和爱的能力。

尤其是在和中国人社交的时候，你更可以试探性地进入对方的内心。为什么？别忘了，本书最开始就提到，中国人的文化是椰子文化。对于椰子型人来说，只要你身上的陌生人标签被撕下，你就能立刻进入他的椰子壳内部，这个空间是属于自己人的空间，又大又柔软，彼此界限模糊，大家几乎什么都能聊——因为是自己人嘛。

这大概也是有些中国人讨厌无效社交的原因。从文化上来讲，椰子型人只愿意和自己人聊天。他们觉得社交式的聊天过于浮华。他们希望从一次对话中获得新的视角、新的观点，更棒的是，能和对方交心。当一次微交谈结束后，如果你还在他的椰子壳外，那么这说明你只和他交换了一些简历式的信息，他会觉得这是一次无效社交。

所以在聊天中，你应该重点抓住他透露出来的某些私人信息，用这些信息将对话由商务交谈变为私人交谈，把你们的关系从公司与公司的公务交往，转化成个人与个人的交情。同时，你也可以说些只会和自己人说的话，这样将迅速拉近你们的关系。

当然，我说聊一些内心的话，不是要你过于掏心掏肺，用情感去绑架对方，而是视时机把握好“度”，保持本真，释放本真。比如：

有一次，我在客户的人力资源办公室里与她交谈，她桌上摆着全家福的照片，我称赞道：

“你家宝宝长得好有灵气，你看上去真的不像有两个孩子的母亲。”

这句话，就是我在用“冷读者 + 热捧者”的身份抛出信息。我观察出她是有两个孩子的妈妈，并且既赞了她孩子的灵气，也赞了她本人的年轻和精力充沛。

她笑道：“两个捣蛋鬼，一个六岁，一个八岁。”

我接下去说：“我家也是两个孩子，昨天我还在和我先生商量，暑假是出去旅游，还是给他们多报几个兴趣班。你的孩子上兴趣班吗？”

瞧，我在用“说，问，说”三部曲推进对话。我不是直接发问，而是在问话之前做了一些自我陈述。我的这个问题——“你的孩子上兴趣班吗”——将对话引向信息层面。

她回答道：“他们上兴趣班。姐姐上英文和芭蕾，弟弟上英文和跆拳道。”此时，她给了我一些独属于她的信息，这是我进入观点层面的好机会，为了让她感觉舒服，我需要在信息层面多酝酿一下，也就是说，多交换点儿信息。

我接着说：“对，我们也选了英文兴趣班，小孩子在语言敏感期多接触英文总有好处。”

她显得很惊讶，说道：“戴老师，你英文这么好，还用得着让孩子上兴趣班吗？”

我说：“唉，我教他们，他们根本不配合。你是怎样看待孩子上兴趣班这事儿的？”你听出来了吗？我把对话往观点层面深入。

她给出了一个不俗的观点：“我认为，只要找到好老师，让孩子爱上学习，就是一件好事儿。”

我很感谢她如此认真地投入我们的交谈中，我兴奋地附和道：“完全赞同！‘能否找到好老师’比‘该不该上兴趣班’更重要。嗯，我不知道别的妈妈怎样，我自从有了孩子，多少会有焦虑，怕自己犯养育上的错误。你呢？”

我相信你已经听出来了，当我询问对方是否焦虑时，把对话导向了最深层面——感受层面。

如果对方是一个社交主动的人，或者你们俩志趣相投，双方可能会很快跳过信息层面，进入后两个层面，即观点和感受层面。友谊，都是在观点和感受层面上培育出来的，剥下洋葱皮以后呈现出的洋葱心，就是友谊。

按剥洋葱皮的三层顺序逐渐深入交谈，没准儿你们都会让对方有意外收获，你们都会在对话结束之后能量满满。

最后提示一句，在谈感受的时候，你是否有过沉默？沉默是感受的扩音器，能把你专注投入的情绪扩大，传递到对方那里。

同时，沉默还能产生一种黑洞吸引力，将人吸引到你营造的交流氛围中。

什么–为什么–如何的表达方案

“

延展的思维方式可以使我们摆脱“永远不够用”的焦虑，它能让我们明白，我们用当前拥有的东西就可以实现不凡的成就。

——斯科特·索南沙因　《延展：释放有限资源的无限潜能》作者

”

美国战略顾问斯科特·索南沙因建议我们将追逐心态切换成延展心态，也就是说，不盲目追求新资源，而是垂直发力，将已有的资源开发到极致。他认为，这样做能激发我们的创造力。当注意力分散到很多资源上时，我们的创造力也随之分散了。但是当我们聚焦在某一点上时，创造力在高度聚焦的情况下被激发了；再加上自我设限，创造力便会喷薄而出。

我发现，将这个思维习惯带到微交谈中非常合适。微交谈并不意味着两个人要盲目地四处寻找新话题，此时正在谈的这个话题说不定就是最合适的。你将这个话题聊到极致了吗？为了激发创造力，你可以聚焦在此时的话题上。为了鼓励创造力，你还可以自我设限：用“什么 – 为什么 – 如何”（what-why-how）的方案来聊这个话题。

“什么 – 为什么 – 如何”的表达方案，能帮你深度挖掘任何话题的趣味与丰富。

什么：这个东西是什么，把它说透。

为什么：为什么要这么做，给出原因。

如何：怎样做到，给出方法。

比如，我和对方聊到开放式厨房：

他说：“我家这段时间正在搞装修，这次尝试一下开放式厨房。”

我接着话茬说：“开放式厨房是不是一定要有那种中岛？”——这是从“什么”的方向聊。

他说：“也不一定，只要餐桌和厨房之间没有阻隔，就是开放式厨房，我们家就没有弄中岛。”

我用“说，问，说三部曲”将对话继续进行下去：“我喜欢开放式厨房带来的空间感，房间立刻亮堂了。你们也是出于同样的原因吗？”——这是从“为什么”的方向聊。

他笑着说：“我们的原因可能有点儿奇葩。我太太说要改变我们的膳食结构，少煎炸，所以我们做个开放式厨房，这样不得不少煎炸。”

我哈哈大笑，请教他：“根据您这次的装修经验，做开放式厨房要注意什么呢？”这是从“如何”的方向聊。

他认真地说：“抽油烟机很重要，那些嫌开放式厨房油烟大的家庭，都没有买到大功率、大吸力的抽油烟机。另外，把炊具都换成无烟炊具吧。”

什么－为什么－如何的表达方案，尤其适合你突然被叫起来发言的情景。此时，你完全即兴，脑子里一片空白，说什么？不用慌，你只需要找到现场的主题，围绕这个主题说出什么－为什么－如何来，一定精彩。

我来给出几个典型的即兴说话的情景，陪你多操练几遍。

场景一：你出席朋友的婚礼，被邀请做祝婚词，现场主题是婚姻。你可以这样对新人说：

有人说婚姻是找到那一双最合脚的鞋，有人说婚姻是将两人结合的一把锁。我觉得婚姻是一所学校（以上是什么）。在这所学校里，两人不断修行，协同进步。这也是为什么人们选择结婚。婚姻能培养美好的人格，让人懂得更美好地去爱，去生活（以上是为什么）。我自己八年的婚姻经验，总结成一句话送给新人：永远选择去感知美好，宽容混乱和无序（以上是如何）。

场景二：在团建活动中，领导让你站起来说几句话，现场主题是团队。你可以这样对其他团队成员说：

> 1+1=2，不是团队；1+1>2，才是团队（以上是什么）。其实我们就像一窝蚂蚁。蚂蚁单独出行，没有丝毫战斗力，但众蚁同心，其利断金（以上是为什么）。它们怎么做到的？从蚁后到工蚁，分工明确，各司其职，忠诚坚韧，我相信这也将成为我们团队的品格（以上是如何）。

场景三：在同学会上，你被邀请讲话。现场主题是同窗情。你可以这样对同学们说：

> 我们曾一起寒窗苦读，也一起憧憬未来，如今一声聚会招呼，大家都回到了这里，这就是同窗情（以上是什么）。生活遇到风浪的时候，有同学们的守望相助，我也不会觉得孤单（以上是为什么）。不管什么时候，不管走到哪里，我们都要记得多问候，多交流，呵护这份难得的纯真情谊（以上是如何）。

场景四：在客户答谢会上，主持人请你讲话，现场主题是客户关系。你可以这样对在场的客户说：

> 我们公司的目标是，建立大规模个性化的客户关系（以上是什么）。大规模和个性化，听上去好像是一对相悖的概念，

但凭借时代为我们创造的技术条件，我们能做到（以上是为什么）。我们不会再依赖于广告或抽样调查来和大家建立联系，我们将通过不同的社交媒体渠道和大家沟通。你需要什么，反感什么，喜欢什么，我们随时随地都有方法知道。我们会把这些大数据全部转化为客户满意度，相信我们，我们能做到（以上是如何）。

场景五：在家长会上，老师邀请你发言；现场主题是教育。你可以这样对在场的老师和家长们说：

我很认同非洲大陆上广泛流传的一句谚语：It takes a village to raise a kid。直译过来就是，养大一个孩子，需要全村的努力（以上是什么）。调查表明，有40%的父母在生了第一个小孩的最初两年，幸福感急剧下降。在座的每位家长在教育孩子的过程中都曾有过挫败感。如果我们意识到，养大一个孩子，需要全村的努力，我们就会停止焦虑（以上是为什么）。在现代生活中，这个村庄就是朋友、邻居、学校。所以，父母和老师之间的沟通至关重要，非常感谢学校组织的这次家长会，给我们提供了宝贵的沟通渠道（以上是如何）。

有了什么－为什么－如何的表达方案，你不用担心没有新话题，或自己的语言匮乏，它能激发你在已有话题上的表达灵感。

临场发挥时，你即使只采用其中的一两个要素，也会感觉有如神助。

“三要素胶囊”，全方位无死角

“

世界是包括一切的整体，它不是由任何神或任何人所创造的，它过去、现在和将来都是按照规律燃烧着、按规律熄灭着的永恒的活火。

——赫拉克利特　古希腊哲学家

”

古希腊哲学家赫拉克利特所指的这个世界有各种规律，等着我们去探索、去挖掘。

向你透露一个秘密，我在研究“如何进行微交谈”时，发现了这样一个规律：任何一个话题，都能把它装在三要素胶囊里呈现。这可是全方位、无死角的三要素。你如果不小心拆分成了4个要素，就去掉那个最不重要的。你如果只拆分出两个要素，请不要绕过去，继续思考，你还可以想出那个同等重要的第三个要素。

你不信？咱们试试看。比如：

聊到单亲家庭是否对孩子的成长有影响，你能不能尝试拆分出三个要素呢？

有两个要素你可能很容易想到：情感和经济。离婚后单亲父母和孩子的情感交流是不是受到了影响，以及孩子成长所需的经济条件是否充裕。还有别的要素吗？你再放宽视野，看看大环境，也许你可以找出第三个要素：社会环境对单亲家庭的孩子是否宽容；或者你再往前走一步，走到这个孩子的心里，那么第三个要素也可以是，孩子自己对父母离异是否抱有偏见。

至于选取哪三个要素，完全由说话者决定。观点无所谓对错。微交谈，不是论文答辩，不需要滴水不漏的逻辑，只需要顺理成章的逻辑。

再比如，聊到对美发师的选择，你能不能试试三要素的标准呢？

我选择美发师的标准有三个：一是他的性别，我相信异性的审美更准；二是他个人的造型；三是他的从业时间要超过三年。如果只盲目地相信美发店品牌本身，而不落实到具体的美发师，那么你在剪完头发后，经常会后悔不迭。

不管追求的是下里巴人，还是阳春白雪，会说话的人都会使用三要素法。

先举一个下里巴人的例子。

我在四川生活的时候，光顾过一家担担面小铺。这家店生意红火，小店老板是个会“摆龙门阵”的人。

我一进门，他就用四川话向我介绍：“我这个面，绝对正宗。你就看三点，肉臊、红油、面条。第一，肉臊五成肥五成瘦；第二，红油五成麻五成辣；第三，面条一定用碱面，有碱香。”

我赞叹道：“哇，小小的一碗面条，这么多讲究。”

此时，他眼里闪过调侃的神色：“要吃三碗。一碗只能解馋，两碗才能品出真滋味，一定要三碗哦，三碗才够麻辣过瘾哦。”

如此会聊天的老板，生意能不好吗？

再来听几个阳春白雪的例子。

著名学者余秋雨在发表见解的时候，也经常使用三要素法。在考察三大文明发源地之后，他指出，形成文明的要素有三个：文字、金属冶炼、城镇化。谈到中国传统文化，他将普洱、昆曲、书法列为中国传统文化的三大极品，还特意把这三大极品的次序做了一个阐释——先奉上一杯好茶，再听一些曲子，最后以笔墨收官。

我在向外国人介绍中华文化的时候，也经常用余秋雨先生的“三个道”：第一个是君子之道；第二个是礼仪之道；第三个是中庸之道。在人格模式上中华文化普及了君子之道，在行为模式上中华文化普及了礼仪之道，在思维模式上中华文化普及了中庸之道。这“三个道”可以说人所共知，千年不变；而且，平心而论，世界其他文明很难模仿，很难有直接对应的东西能模仿我们这一切。

培根说：“阅读使人充实，会谈使人敏捷，写作使人精确。”

柏拉图说，音乐是“教养的和谐，灵魂的完善，激情的中和”。

5′

信任与结交：交换价值

“

人脉其实是一种“相互支持梦想”的关系，可以帮助双方更接近梦想，丰富彼此的人生与人际关系。不能为你带来正面帮助的人，不能称作人脉，最多是萍水相逢的人而已。

——《社交的技术》

”

人类学家指出，所有社会都是由不同阶层构成的，而所有社会行为都是一种互惠行为。在社交中，信誉指的就是你是否值得我信任，值得我结交。协同信誉，指的就是价值匹配。

和陌生人微交谈，就是广撒网、精筛选的过程——筛选出那些我能帮助的人，以及能帮助我的人。在微交谈中，你要不断地问自己：“我值得你认识吗？你也值得我认识吗？”如果这两个问题的答案都是“是的”，那么你们的价值便匹配上了，这成了你们日后深交、相互合作的基础。社交中的互动，实质上就是交换彼此的价值，让彼此的人生过得更好。

首先，我们来分析“我值得你认识吗”。

美国社会心理学家马修·利伯曼曾用音乐 DJ（打碟者）举例，来说明在社交中选择向对方提供何种信息很重要。他说 DJ 的工作相当了不起。“面对数不尽的音乐——各种流派、各种风格应有尽有，一般人根本不知道如何筛选。DJ 们花费大量的时间对这些海量音乐进行过滤，他们用耳朵去听，用心去体会，用大脑去判断，然后在适当的时间为特定的顾客奉献合适的音乐。普通人听音乐主要为了个人享受，DJ 听音乐则是为了搞清楚哪些人能够与他们分享这些音乐，以及怎样才能最有效地与他人分享音乐。

把这个道理应用到微交谈中就是，普通人聊天是交流信息，而会聊天的人是一位信息 DJ，他知道哪些信息值得与哪些人分享，这样才能实现最有效的信息分享。比如：我在和一位单身女人聊天时，不会聊自己的孩子有多可爱，而会分享最近的健身或 SPA（水疗）心得；我在和一位创业者聊天时，不会聊办公室政治，而会分享某些商业创新的方向。

一位会聊天的信息 DJ，不是展示自己有多么能干，而是展示自己对对方有多么“有用”。

我们不仅要懂得挑信息，还要懂得挑人。所以，其次，分析一下“你值得我认识吗”。

在微交谈中，我们不仅要观察到对方的特质，还要有本事从不同角度去判断和诠释这些特质的价值。

比如，对方从事与心理学相关的行业，他的这个特质也许可以从不同方面帮到我：在工作中，我正在从事的跨文化研究中就有一个板块是怎样战胜“不背离自我”的心理屏障；在生活中，我那不成熟的育儿理念是不是可以用心理学的成果来完善；在我交的朋友中，有一个正在做产品开发的人，没准儿他们俩有合作机会。

接下来，我分别围绕“我的价值，我知道你知道我知道”，以及“你的价值，你知道我知道你知道”来阐述。

传递我的价值

“

面对面的互动，能激发人们的利他之心。

——苏珊·平克　加拿大著名发展心理学家

”

想想看，一个在微信里向你求助的人，和一个面对面向你求助的人，哪个更能引发你的恻隐之心？与电子虚拟人像的互动，远远比不上和一个站在你面前有血肉之躯的人之间的互动。

社交中有条规则：不增加价值就不索取——在不能给他人带来价值的时候，就不索取价值。所以，在初次相遇时，你是否能准确地传递出自己的价值，将会在很大程度上决定你在他未来生活中所扮演的角色——你是他认识的朋友，还是匆匆过客。

那么，我的价值是什么？

有些人能够深刻地把握自我，对自己有细致入微的分析与判断，并知道自己想要什么。与这些人交谈，是令人难忘的事情。

在我的课堂上，我常常会问学员：“你是哪方面的专家？”很多人听到这个问题感到很紧张。我进而用奥斯卡·王尔德的话解释：“你们不用紧张，专家就是走出家门给人提供建议的普通人。想想看，周围的人经常找你咨询或帮忙解决哪方面的事情。比如，人人都找你咨询旅游攻略，或找你解决电脑难题，或请你推荐好用的化妆品，或请教你怎样做某道菜。”

找到自己的特长，这是我们一生要做的功课。假如你实在找不到特长，怎么办？那你就找到自己的一个特质，然后借助多元化资源，将这种特质引导成一种才华。

美国研究儿童注意力缺失症的专家爱德华·哈洛韦尔举了一个例子。上小学一年级的路易斯有阅读障碍，读书写作都跟不上班级里的其他同学。但这个可能患有儿童注意力缺失症的孩子很爱讲话，于是学校建议他的家长买个录音机给他，让他录下自己讲述的故事。一个月内，路易斯已经能写一本5页厚的儿童小说了。

他进而指出，所有个人特质或兴趣都是有价值和有意义的，都是可以转化为合法的、安全的行为的。比如，你哪怕爱打电子游戏，也可以成为专业的游戏玩家，或学习设计游戏的软件。

由此可见，个人兴趣特质的背后蕴藏着巨大的市场价值，也孕育着伟大的事业。我见过家庭主妇开设的烹饪微博吸引了上百万名粉丝，我也见过非常成功的职业遛狗师、职业旅行家、职业试吃员。

找到自己的特长以后，下一步是如何将它展现给对方。下面，我给你列出不同版本的展示模板，它们的长度不同。

一句话版本——易于传播

大家都变得越来越忙，也越来越没有耐心。这是一个大伙儿都没有时间和耐心透过现象看本质的时代。

如果用一句话在社交场合做自我介绍，你会说什么？这句话不仅要简洁明了、易于传播，还要突出你的最大特色。我们可以从以下几个角度来做准备。

第一，具有正能量。

趋势专家、畅销书作者丹尼尔·平克在《驱动力》一书中向读者提了这样一个问题：你的那句话是什么。这源自 1962 年美国国会的第一批女性成员之一克雷·布斯·卢斯向时任美国总统约翰·肯尼迪提出的建议："一个伟大的人，就是一句话。"

亚伯拉罕·林肯：维护了统一，解放了奴隶。

富兰克林·罗斯福：把美国人从大萧条中救了出来，帮助美国赢得了世界大战。

屠呦呦：利用现代科技和中医经验，首创了造福千万人的抗疟治疗的新疗法。

这句话不仅能激励你的热情，让你永葆初心，还能让别人快速地了解你。

第二，具有辨识度。

这句话不一定在任何人身上都适用，却会让人难以忘记。比如，“改变世界”这句话就没有辨识度，更好的说法是，“我参与研发的马桶能改变残疾人的世界，让他们独立生活”。

再比如，“我擅长做最健康的美味”就没有辨识度，更好的说法是，“我擅长做最健康的美味，包括用‘水’烤羊肉串”。

再比如，“我喜欢旅游”就没有辨识度，更好的说法是，“我擅长做旅游攻略，我可以帮你买到三位数价格的去欧洲的机票，以及订到三位数价格的五星度假酒店的房间”。

想想看，你的名字、出生地、性格、职业、爱好、生活习惯有什么特点，你能不能为这些特点增加一些戏剧感。我举一些例子：

一般的说法是：“我叫李嘉敏，是李嘉诚的朋友，李嘉欣的弟弟。”

精彩的说法是：“我叫李嘉敏，是李嘉诚的朋友，李嘉欣的弟弟，有李嘉诚的慷慨，没有李嘉欣的颜值。”

一般的说法是：“我比较‘宅’，参加今天这样的活动确实很少。”

精彩的说法是：“我是‘深度宅’，我老公叫我‘居里夫人’，出门次数以月为单位计算。”

一般的说法是：“我是形象设计师。”

精彩的说法是：“我是形象设计师，你站在我面前的这一分钟里，我脑海里已经为你换了三套服装了。”

一般的说法：“我是上海人。”

精彩的说法是：“我是上海人，那个男女比例1:4的地方，所以你知道我为什么一毕业就第一时间离开那里了。”或者，“我是上海人，我们家就在延安高架旁边，延安高架那根神秘的龙柱您听说过吧？”

我经常这样介绍自己的名字：“我叫戴愫，不是几何，是代数。”如果仅仅这样说，那么效果不会很好，所以我会补充后半句：“但我代数学得很差，遇到代数，真的就 die soon（完蛋）了。目前只好在文科领域苟延残喘。”

我介绍自己是哪里人的时候，经常这样说：“我是湖南人，出革命家的地方。我们做什么事都很霸蛮的。”

“你是谁”，这是每个和你交谈的人都想知道的。如果你的答案不能给他留下任何印象，那么你在他的人际交往圈的第一轮筛选中就会被筛出去。如果你的一句话自我介绍有正能量，有辨识度，那么你就成功地留下了社交足迹。如果有个成功的自我介绍，那么你自然也不会那么紧张了。所以，一定要好好准备，这样的自我介绍设计一次，使用终生。

10秒钟版本——我要谦虚地告诉你，我很厉害

双方初次见面的自我介绍，其实就是自己做自己的公关人。

而公关人的工作本质上就是在感知和现实中建立一种逻辑关系。

美国著名公关人霍华德·布莱格曼指出：“你只要稍微思考一下，就能知道这种逻辑关系其实只有三种可能性：公众对你的感知要好过现实；公众对你的感知不如现实；最理想的情况就是，两者平衡。”

由此可见，发挥公共关系功能的开场不宜有太多的自我吹嘘，以免引起对方的反感，但也不要过于谦虚，你也需要让对方觉得你有价值，人们喜欢和优秀的人结盟。那么，如何保持平衡？你可以采用“麦穗+向日葵”版本。

谦虚的麦穗总是低着头，因为它沉甸甸的。而向日葵总是高高仰起头，迎接阳光的照耀，这样它会更灿烂。所以，“麦穗+向日葵”版本，就是先抑后扬，先谦虚一下，诚恳地说出自己的弱点，再来一个巧妙的转折，点出这个弱点给我带来的真正优势——阴和阳实现完美转换。

比如，你可以说，“我是做室内设计的，我从事这个行业只有三年，经验有限”，注意，转折来了，“但是，这三年，是我将其他行业经验融入产生灵感最多的时期”。哈，缺点迅速变成优点。

再举一个例子，你可以说，“我在经营一家管理咨询公司，我们公司是家小公司，业务规模不大”，注意，转折又来了，“但是，因为没有冗长的流程和森严的等级，我们在为重要客户提供定制化服务方面具有高度灵活性和专业性”。

记得锤子手机的创始人罗永浩在自我介绍时是这么说的：“我

想我多半看起来像个怪物，高中毕业，不敢考数学，居然要来做教师。但是我到新东方应聘不是来做教师的，我是来做优秀教师的。”

自黑加牛哄哄，集谦虚和骄傲于一体，让对方既感受到了真诚，又看到了实力。也就是说，你要初步展现出自己是一个温度和能力兼备的人。恭喜你，如果这个版本准备得好，他对你是干什么的可能不会有那么深刻的印象，但对你是一个什么特质的人一定会有十分深刻的印象。

1 分钟版本——三层洋葱皮，层层深入

在微交谈时，你的职业和爱好会被经常问到。你不要做简历式的叙述，那样会显得你相当无趣。还记得三层洋葱皮聊天法吗？逐层剥洋葱皮：信息、观点、感受。

在 1 分钟内讲三句话，逐层剥下洋葱皮。以下模板可供参考。

职业版：

我从事 ______。我走上这条职业道路，是因为 ______。这个工作最有意思的是 ______。我感觉 ______。

爱好版：

我爱好 ______。我喜欢 ______，是因为 ______。

这个爱好最吸引我的是 ________。我感觉 ________。

特长版：

我擅长 ________。我精通 ________，是因为 ________。这个特长最大的好处是 ________。我感觉 ________。

当然，很多人的职业、爱好和特长是重叠的，那真是太幸福了。

我用我自己的经历来套以上这些版本。

职业版：

版本1：我从事企业培训。五年前，我发现自己并不热衷于往上爬那个职业阶梯，我喜欢培养团队。过去我在公司里培养团队，现在我做的这个职业把这个平台扩大了很多倍。我想做那个砸向学员脑袋上的苹果，开启他们新的认知。我感觉这是一份能把我的自我价值最大化的职业。

版本2：我是从事企业管理咨询行业的。说白了这个工作就是帮企业治病。这个工作有意思的是，企业客户请我们的时候，实际上是在呼唤“我需要你，但也不要让我觉得自己技不如人”。所以每天，我就是走入形形色色的企业，大胆地带领企业员工开启新思路，并让他们感觉到一切功劳归他们自己。这事儿给我很大的成就感。

版本3：在谈到我更早的经历时，我有时会这样说，我大学毕业后，曾在中山大学执教一年，后来我想尝试另一种体系的教学，我去了新东方。我们当年那一批老的新东方老师，是真的在绝望中寻找希望。这个信念直到现在还在影响我。

爱好版：

版本 1：我喜欢读书。不管去哪里，我都喜欢带本书。我从小就喜欢看书。因为现实生活实在过于平庸，书能让我把一辈子活成好几辈子。我感觉书和我建立的关系，比电影、电视更亲近、更私密。

版本 2：我爱好遛狗，一有时间，我就会带着小狗一路撒欢。有时候，狗会把我带到这个城市里我自己从不会去的地方。因为狗，我有机会和更多人交谈，有机会深入感受城市生活的气息和节奏。

注意，上面这些范例的最后一句话都是在谈内心感受，这就变成了走心的故事。在前面我提到过，当双方在谈感受时，他们已经跨越了寒暄套话范畴，有了最深层次的连接。

5 分钟版——成长的故事最吸引人

世间最有吸引力的故事，便是成长的故事。童话里，皮皮鲁、鲁西西天马行空地快乐成长；神话里，索尔最终从顽劣的锤神成长为为北方荣耀而战的雷神；武侠小说里，郭靖从菜鸟成长为一个不仅可以拯救他人，而且能自我救赎的顶尖高手；言情小说里，紫菱从活泼讨喜的可爱女孩，成长一个懂得真爱，并能把握真爱的女人。

每个人的人生历程，都是一部成长的故事。怎样讲述这个浓缩版的迷人的5分钟人生故事？

我很喜欢台湾四也童书出版社总编辑、新北市大河文化协会副理事长许荣哲介绍的“努力人公式”和“意外人公式”。所谓努力人，就是指一个人在一个方向上持续努力，获得成长；所谓意外人，就是指一个人在一条赛道上走着走着遇到阻碍，果断地切换到另一条赛道上，他同样也获得了成长。

努力人公式有4个步骤：目标→阻碍→努力→结果。西游记就是一个努力人公式。师徒四人的目标是去西天取经，沿途遇到81个阻碍，他们齐心协力，一路降妖除魔，最终化险为夷，抵达西天，取得真经。

意外人公式也有4个步骤：目标→意外→转弯→结果。蜘蛛侠是一个意外人公式。高中生彼得·帕克父母双亡，被伯父伯母收养，在学校里是一个书呆子，害羞内向，被同学捉弄欺负，外号是“微不足道的帕克”。突然，他的人生因为一次意外出现大逆转，他被一只受过放射性感染的蜘蛛咬伤，从而具备了超能力，最后成长为一个打击犯罪的超级英雄。

读完这两个故事后，你想想，自己的人生会走哪条道路。

这个成长的故事不仅仅停留在现在，你还可以预言未来——你未来的成长路径，你未来想到达的那个终点。我很喜欢《连接时代：激发潜能、搞定大事的连接思维》这本书里反复提出的一个问题：“如果你可以利用和你有过邮件往来或通过社交媒体及其他方式能够联系到的所有人的力量去增加你的理性和感性认知、智商和情商，你会做什么？也就是说，如果你可以做任何事情，你会做什么？”这个问题的答案就是你未来的成长终点。

如果当时的情境是你有时间有条件说出1分钟版或5分钟版的故事，那么，能不能把你的叙述分解成几个问题，邀请对方分享他在你这个领域里的经历？这样会更有协同互动的效果。所以接下来，我们谈一谈讲述的技巧。

讲述的技巧：你的厉害和他有什么关系。对方可能并不关注你有多么厉害，他关注的是，你的厉害和他有什么关系。

不管你正在做什么，你做的事情一定影响着这个世界，而且一定会产生收益。收益类型大致分为三种：

第一，解决问题。比如，汽车修理工的职责是诊断及更换废旧零件，让汽车恢复安全性。

第二，预防隐患。比如，中国检验认证(集团)有限公司（简称CCIC）海关检验鉴定员的职责，是将不合格的进口商品拦在国门外。

第三，追求理想。比如，婚姻咨询师，既解决问题又代表追求理想，让已婚夫妇消除情感障碍，进而获得人生幸福。

如果你想做一个详细些的自我介绍，又觉得长独白很尴尬，那么记得利用“说，问，说”三部曲。这个三部曲能帮你将体积巨大的包裹分装成一个一个小包裹，轻松自然地传递出去。举一个例子：

你介绍道：“我是 CCIC 检验鉴定员。”

此时，估计大家一脸懵懂。那么你能不能把你的工作和他们熟知的事物联系起来呢？你可以先问：“你或你的家人海淘过化妆品或玩具吗？”

对面的女士点点头。

你接着说：“你们收到的商品，我们都经手过。一切进出口商品的质量检验，都由我们负责。”

注意，你要问的是“你或你的家人是否海淘过”，哪怕对方没有亲自海淘过，他的家人应该也海淘过。这样就协同起来了。

你还可以继续问：“日本核辐射之后，你们还敢从日本海淘吗？”对方也许点头，也许摇摇头。“日本发生事故的当天，我们就马上加强了对日本进口商品的放射性物质的检验，把危险物品都挡在国门之外。”

一问一答式的自我介绍，让对方更自然地走入你的世界，并看到你们两个人的生活的交集，让人印象深刻。再看一个例子。

你介绍道：“我从事固体废物处理。”

对方会想，固体废物是一个什么概念。

你继续说：“你知道，我们一天如果什么都不干，会产出什么吗？”

对方说：“垃圾。”

“对，废水、废气、废渣，而我是管废渣的。”此时，你可以举出一些专业数据，“你可能不敢相信，你们小区每天产生的垃圾，平均有两吨重。其实，其中83%都是可以回收的，我的工作就是尽量提高垃圾回收率。”

在这样一来一往的对话中，你传递了自我价值，也完成了自我定义。在第一次与对方接触时，对方非常期待你的自我定义。“如果你不自我定义，其他人就会给你下定义，而且并不总是以你喜欢的方式。”①

最后值得注意的是，当你准备好一句话版本、10秒版本、1分钟版、5分钟版的故事后，记得多加练习。对着镜子练，一直练到能脱口而出，还要练出那种有些夸张的舞台剧的表演力，不动声色的讲述很难展现故事的趣味性。

升华他的价值

“

人做一件事，都有两种理由存在——一种是好听的，一种是真实的。

---

① 霍华德·布莱格曼，迈克尔·莱文．超级PR：如何为组织和个人赢得超人气［M］．李昂，译．北京：北京联合出版公司，2018.

——约翰·皮尔庞特·摩根 美国金融家、银行家

”

如何在社交中表达“你值得我认识”“你知道我知道你知道”？你可以想象和你相遇的每个人身上所具备的独特的潜能，敏感地捕捉它，描述它，求证它。我向你介绍三个具体方法。

方法一：认同他的职业，唤起他良好的自我感觉。

大家都喜欢听到别人对自己动机的解读——好的解读。你可以对他的职业做价值上的更高层次的阐述，也就是说，他自己不方便吹牛，你来帮他吹。比如，遇到写儿童书的作家，你可以说：“呀，你们很伟大，你们就是把这个世界打开给孩子们看的天使啊。”

他会想，我从事的这个事业真的很伟大，你懂我！

遇到幼儿园老师，你可以说：“深表钦佩，这个职业，没有大爱是坚持不下来的。”

遇到化妆师，你可以说：“真是感谢你，帮助我发现自己的美，这个世界又多了一张自信的面孔。”

遇到卖保险的，你可以说：“你不仅提供了一条全球最好的医药资源的通道，你还向中产阶层提供了最宝贵最稀缺的东西——安全感。”

遇到小区的快递员，你可以这么说：“看你每天扛个麻袋，像个圣诞老人一样穿行在我们小区，我们都很期待见到你。”

你能如此理解并认同他的职业，他内心深处是很感激的，这也会激发他说出与自己职业相关的谈资；而职业，就是每个人的优势话题。

方法二：问出现场只有他才回答得了的问题。

赞美完对方的职业以后，你该怎么办？请教他一个基于他的职业或专业背景的他最擅长的问题，也就是说现场只有他能提供答案。

这意味着你要有针对性地提问题，而不应提出路人甲就能回答得了的天气问题。如果是多人聊天，那么你更要用这个方法聊，他会更感激你。此时，你等于给他创造了一个秀场，让他站在了聚光灯下，灯光照在他身上，感觉很好。

比如，我会问我的发型师：“你这么好的技艺，在上海一定贵客满门吧。”他一下子就打开了话匣子，告诉我昆曲王子张军就是他的常客。我这个对昆曲一无所知的人，从他对张军满怀钦佩的描述中，领略了一番昆曲界的各种精彩。

更多时候，我当然是请教他美发界的新趋势、新技术，尤其是当店长在旁边的时候，你可以想象他会聊得多么带劲儿。

我们家的阿姨刚到我们家时，我很欣赏她，特别想把她留下，于是一有机会就和她聊天。我表达了对原生态生活的向往，请教她她家乡人的娱乐方式。阿姨得意地聊起她去山里抓野鸡的经历，让孩子们听得直流口水。

如果对方是从事房地产的，那么你可以就当时的房产热点请教他：“王总，您觉得海南自由贸易区这事儿对房地产行业会产生一种什么样的影响？”我再举一些可用于提问的话题：

现在各个行业都在利用大数据，你们公司也有这方面的尝试吗？

你们公司今年的战略方向有调整吗？今年最优先考虑的事情是什么？

您觉得你们公司面对的值得一提的竞争对手是谁？

据您了解，你们的对手公司做过什么失败的尝试吗？这些尝试正好可以让你们自己不走弯路。

对手公司做过哪些成功的创新？

这些问题都能触及他的专业视角。不管进入职场多少年，他都会形成自己对这个行业的看法。每个人都渴望被聆听。

在问这些问题的时候，记得用“可否请教一下”来开头，这是一个有魔法的开头，让对方无法拒绝。

方法三：做他的镜子，帮他回答“我是谁”。

当与对方破冰之后，你可以通过观察和分析，从夸他的外表到夸他的本质。也就是说，破冰时，我们聊的是那些一眼就能看到的表象，是不是还有一些藏在表象下的更令人称道的成绩呢？并且，促成这个成绩的品德和性格是什么？

你作为谈话对象，是他的一面镜子。他通过与你聊天，也在一步步地认知自己。“我是谁”，这是所有人的人生命题。哪怕对方身份显赫，你的反馈也会帮助他在寻求答案的道路上又前进一步。

最会聊天的人，还会大胆地前瞻对方的未来。借用美国哲学家亨利·戴维·梭罗的一句话："人生，并不是要发现自己，而是要塑造自己。"我来举些例子：

赞他亲子关系好，不如赞他懂得父爱的真谛。

聊她身材好，不如聊一聊她是如何自律的。

夸她衣服穿得漂亮，不如夸她审美水准高。

我再举一个自己的例子：

我记得我在和一位父亲聊天时，发现他儿子英文讲得特别好，我说了一句："您儿子以后的人生疆界会很宽广。"

他父亲很吃惊："此话怎讲？"

我娓娓道来："他的英语如此流利，我相信不管走到世界上哪个城市，他至少具备基本的掌控感。世界对他来说是安全的，是自在的。他走出舒适区的时候，不会感觉疲累，反而有舒展自我的快乐。自我疆界广的人，实现自我价值有更多选项。"

我发现他们俩脸上明显露出陶醉的神色。瞧，我聊到了对方的潜力，他可能不仅因此发现了自我，还会在塑造自我方面获得启发。

善于聊天的人，都会用以上三种方法不断地发出这样的信号："我不仅要认识更多人，还要能第一时间判断出有价值的人脉，你，就是我想结交的那一个。"

如何打开这扇"结交"之门？讲一个好的故事，往往能快速吸引他人的注意，然后在微交谈中，尽情展现你的魅力和风姿吧。

6′ 讲故事、魅力与谈吐

“

故事在人际关系中扮演货币的角色。

——罗伯特·麦基　美国“好莱坞编剧教父”

”

微交谈，可以看作一场故事会，是一次相互联系的故事间的交流。这个场合不适合议论沉重的话题，不适合论述高深的理论。唯有故事，能用戏剧性抓住对方的短期注意力。想想看，我们是不是经常在谈到时事、艺术、生活、职场的某个话题时，话锋一转——“这让我想起……时候，经历过的一个事……”自己讲完，别人讲，大家轮流讲。

最会说话的人，都是把信息编织进故事的高手。如果没有一环套一环的故事，我还真不知道微交谈应该如何进行下去。

把信息变成故事

如何创建故事？美国的“悬疑大师”詹姆斯·斯科特·贝尔建议，好故事有LOCK系统：有趣的主角（lead）、目标

（object，想得到或逃离的某个事物）、主角不得不面对的挑战（confrontation），出乎意料的结尾（knockout）。

我觉得，这些建议适合演讲、管理、写作，但不适合社交。不同于大型演讲中的故事或者要深挖听众的内心，或者重塑听众的认知模式，或者影响世界，也不同于领导开会中列举的批评教育类的故事要做现实隐喻，微交谈中的故事更随性、更有趣、更简短，其意义在于制造话题，升级欢乐。因此，微交谈中的故事只需要一个基本要素，那就是“起伏”。你可以想象一条直线，平淡无奇的直线，突然变成了起伏的折线。恭喜你，此处就有故事了。

你看，是不是足够简单？所以，一句话也可以构成一个故事。比如，“昨天我儿子指着露出汤面的鸽子的爪子，兴奋地喊‘今晚吃恐龙肉’！”

事先准备 30 个梗

在微交谈中讲述故事，你可以事先准备 30 个“梗”，也就是抓住故事中的 30 个关键词：划算、危险、奢华、神奇、划时代、独一无二、秘诀、糗事、美食、阴险、希望、坚持、贪婪、愚笨、勤奋、天真、习惯、天赋、惊艳、意外、受骗、代沟、投资、教育、认知成长、保守、成功、贫穷、恐怖、健康。为什么要提前准备这 30 个梗？

首先，它们的使用频率高。这 30 个关键词围绕的是人的命运、人的生存、人性的特点。几乎每次微交谈都会涉及其中的某一个或某几个词。

其次，它们容易引发刺激点。比如恐怖，能立刻引发对方既害怕又向往的矛盾心态；代沟，是一个不吐槽就牙痒痒的话题。

最后，它们便于传播。你接触到的每一个人，在人脉网络中，都是一个输入口，同时也是输出口。你的梗，以后会变成他人的梗，有趣的谈资总会被分享；当他人和自己的家人、朋友分享你的梗的时候，你似乎也成了他们当中的一员。

可是，有人看到这30个关键词会倒吸一口气："拥有这样30个关键词的人生得有多么跌宕起伏！我是平凡人，平凡人的生活怎么会有这么多梗呢？"

难道真的没有吗？我在帮学员整理他们人生故事的过程中发现，不管哪个年龄段的人，他曾经的情感和经历都已经足够多了，只是他也许没有好好体验或仔细回顾自己的人生。这个世界在每个人的面前看似都是一样的，然而，世界在每个人内心的折射都是独一无二的。有故事和没故事的人，差别不在于人生经历复杂与否，而在于他们用一双什么样的眼睛观察生活，他们的眼睛是否能敏锐地发现某个物件或某段往事背后隐藏的意义。生命的价值，就是由这些意义组成的。

即使是我5岁的儿子，也有他丰富的生命内容、强烈的情感和有趣的经验。当我听到他和他的小伙伴们聊天，说"我上次居然……"或者"我告诉你，我家最好玩的玩具就是……"时，我高兴地发现，他已经开始通过自己的眼睛来看世界，这个世界在他内心中是独一无二的。当他开始把自己世界里的故事分享给他人的那一刻时，他已经开始社交了。

所以，在准备这30个梗的过程中，你一定要有自信，带着好奇心去回首自己人生的种种经历。借用法国小说家马塞尔·普鲁斯特的话——“发现之旅不在于寻找新的风景，而是以全新的视角看待世界。”举几个例子。

1. 糗事

擅长社交的人，习惯讲述自己的糗事来拉近距离。少说自己成功的故事，听完你的成功，对方最多就是“哇，好棒”。你应该多说说自己出糗的事儿，抢先一步嘲笑自己，活跃气氛。如果你自己不装，那么把装的机会让给别人，你也会立刻被大家喜欢。你说完糗事后，一定是两个人哈哈大笑。没准儿他也会爆料几桩自己办砸的事儿。

分享一个我用过的故事：

> 过去，我与对方打招呼时会说：“嗨，你好，我是戴愫，很高兴认识你。”
>
> 对方伸出手说：“我是某某，幸会幸会。”
>
> 我问他：“你是怎么过来的？我开车来的，绕着街区转了三圈才找到停车库入口。进了车库，停了十分钟才将车停妥。”
>
> 在这个故事里，我就是一个慌张的女司机。

不瞒你说，我准备了各种版本的糗事。在这些故事里，我是一个无奈的母亲、一个愤怒的妻子、一个刚进城的土妞儿。

无奈母亲版：

> 我带儿子写作业：“春，上面只有三横，没有四横，去掉一横。”
>
> “去掉哪一横？”

愤怒妻子版：

> 我家宝宝晚上哭，我先生一定会摇醒我：“快去看看，怎么哭了？”
>
> 我家宝宝晚上很安静地睡觉，我先生也会摇醒我：“快去看看，怎么不哭了？”

土妞儿版：

> 我刚到美国时，进了一家干洗店，我以为是卖衣服的商店，看见漂亮衣服上面5美元或10美元的价格标签，狂喜不已，扔出20美元给柜员，说来4件。

其实，大部分人的人生都是无奈、矛盾的，是由冲突构成的。真正的人格力量，不是来自完美，而是源于敢于揭露自己的不完美。敢自嘲的人，都是自信鲜活、活得真实的人。

2. 美食

任何话题都可以被引到“吃”上，吃永远都有趣。《康熙来了》的主持人之一蔡康永是一位有名的聊天达人，他说：“爱旅行的人多吗？多，但没你以为的那么多。爱时尚的人多吗？多，但没你以为的那么多。爱吃的人多吗？多，而且比你以为的还要多。”

越是文明雅致的阶层，越重视美食文化。你如果拥有训练有素的味觉，就聊出来吧。聊美食，就是在聊人生。

在讲这类故事的过程中，细节是关键，包括品尝的细节、外观的细节、一些他们意料之外的细节。

> 我经常这样聊：“你一定要品尝我做的冰粉，绝对是你吃过的所有冰粉中最好吃的。八大原料豪华组合，晶莹剔透，冰滑爽口。吃到嘴里，先是满口老红糖的黏稠甜，然后是牙齿感受到的花生颗粒的酥脆，以及舌尖上黑白芝麻的浓郁香，接着是枸杞、山楂、葡萄干的酸酸甜甜，最后再将冰粉一滋溜滑下喉咙，长留在唇齿间的是玫瑰花瓣的清香。”

你可以研究几道在宴会和鸡尾酒会上出现频率较高的菜品，最好亲自做过，这样就可以聊你的烹饪故事了。

如果你做的是一顿中餐，那么中式菜肴的典故逸事，更是聊天的最佳切入点。比如，龙井虾仁、东坡肉、担担面、叫花鸡、麻婆豆腐……美味背后都有一段动听的故事。另外，诸多文学作品，比如《红楼梦》《天龙八部》等也提供了大量争奇斗艳的烹饪谈资。

3. 认知成长

我的很多认知成长，都发生在旅途中。如果你缺少认知成长的故事，那么我建议你好好回忆一下你的旅行，或者在下一次旅行中去做一个真正的旅行者，而不是一名游客，这样，你自然会有认知成长的故事去分享。

做一个真正的旅行者，帮我积累了很多故事。英国学者马尔科姆·安德鲁斯在研究旅行者和自然景观之间的关系时指出，亲眼看到风景是不够的，你必须像18世纪的英国人一样，会观察，会描述，会感动。一个旅行者必须是有文化的，否则，他就只是一名游客。

比如，去印度旅行，对于旅行者来说，印度是一个盛产感悟的地方。我当年的感悟是什么？他们邀请我放下刀叉，用手去触摸食物的质感。我曾经忍不住好奇地问当地人，如今刀叉随处可得，为什么保留手抓食物的习惯。他们说，美食要能闻到、品尝到，同时，它的质感也值得享受。我还曾问过他们，现在大家的生活圈子越来越大了，为什么他们还可以接受包办婚姻。他们告诉我，包办婚姻是在生活中被实践得最好的风险管理。

原来，我认为是糟粕的东西，在它那个体系里不仅有存在的合理性，而且是另一种智慧，有可能还是更高明的智慧。带着这个升级的认知，我进而联想到工作。现在所有组织都在谈变革，变革的难点不是引入新东西，而是变革者是否真的理解为什么有些被认为是糟粕的东西，是原来政治生态的必要组成部分。用得到 App 创始人罗振宇老师的话来讲，变革的过程，就是把一个行之有效的旧系统改造成一个行之有效的新系统，那么变革者“眼里不应只有自己想要的东西，他还要看到那些被丢掉的东西，是不是被放在了一个安全的地方”。

组织变革是这样，一切变化皆如此。

在看完我给你的这些例子以后，你有没有意识到，生活中到处都有故事。如果我们的日子过得漫不经心，那么这些故事真的就不存在了。看似平淡如水的生活，在水面上和水面下都涌动着各种起伏的波涛。抓住这起起伏伏的波涛，构想出属于你自己的故事。

围绕这 30 个梗来准备故事，足够了。每个关键词，你都可以准备一到三个故事。梗，不在于数量，而在于质量。

我建议你把自己准备好的故事的关键词，都记在手机里。进入社交大厅之前，或者中途上洗手间的时候，拿出手机，迅速扫一遍，这就像上前线的战士装备了子弹匣，底气自然足了。当你准备好以上 30 个梗之后，你就不用担心没有讲述的机会了。你只要认真聆听，就一定能从别人的话语中捕捉到可以跳到你的故事上的转折点。一旦找到了转折点，你就尽情地发挥吧。

最后，我还要说三个注意事项。

第一个注意事项：故事里的主角最好是自己。

别人在听你讲故事时，听到的不仅是故事，还有你这个人的特质，所以讲述自己的故事是最合适的。

优秀的传教士深谙如何将道理编织进故事，约尔·欧斯汀是美国一位著名的传教士。他的讲道节目每周有超过 700 万观众观看。他的演讲很吸引人，他从来都不会做拖沓冗长的说教，而是不停地讲述一个又一个小故事。比如，他几乎在每次布道会上都会谈到对上天的信任，以及祷告的力量。我听过一则关于后备厢的故事，一位父亲的钥匙被锁在了汽车的后备厢，在祷告以后，后备厢盖竟然神奇地打开了。我还听过一则关于游泳池的故事，一位妈妈一直想要建一个游泳池，结果有一天，有一对修建游泳池的夫妇真的走进了他们家，帮他们建了一个免费的游泳池。

因为这都是自己的故事，所以他们讲述起来妙趣横生。

可是，微交谈中究竟能不能讲别人的故事呢？

约尔·欧斯汀也会讲述别人的故事。他的技巧是，讲述的语气极其熟稔亲切，“我朋友的妹妹……”“我的一位二十多年的好朋友……”这样的语气传递出的信息是：虽然故事的主人公是别人，但这些人都是我的圈内人，他们的故事就是我的故事。

我建议你在转述别人的故事时，可以利用 $N+1$ 的模式。也就是说，在这个故事中，加上自己的新内容，或新角度。比如，在聊到中年危机这个话题时，我想起了上次聊天时听到的一个谈资，于是说道：“我大学同学在华为，今年 40 岁了，你知道华为平均退休年龄是 45 岁吗？其他同事都为后半辈子忐忑不安，他却相反，巴不得拿着股权退休，正好可以开始事业的第二春。”

接下来，我要补充一下自己的看法了：“华为有 45 岁退休这条制度，说明华为作为一个平台，没有信心进一步挖掘和释放这些中壮年员工的潜力，趁早放手是明智的。而作为个人，不管有没有45岁退休这条规定，都应该不断地去寻找最匹配自己能力的平台，不必在一家公司里待一辈子。”

利用这两个方法——用亲切的语气和用$N+1$的叙事角度——来叙述他人的故事，这些故事会离你越来越近，你和故事的关系也会越来越亲密。最终，这些故事在你一次次的转述中，变成了你自己的故事。

第二个注意事项：讲故事的姿态是中等甚至偏低的自尊。

所谓中等的自尊，意思是自尊保持得不多不少刚刚好。因为自尊太过就成了傲气，自尊太低则成了自卑。因此，保持平衡很重要。

为什么自尊还可以偏低？在与陌生人微交谈时，大家通常都客客气气的，没有人会随意看低其他人。偏低的自尊，反而会消除自己的敏感和焦虑。换句话说，自抬身份不可以，自降身份是可以的。

比如，在谈到关于奢华的故事时，你讲述了自己入住迪拜帆船酒店，使用镀金马桶的经历。这时，为了不招来嫉妒，你需要把自己的身份降一降，而且需要加一句自降身份的话。你可以半开玩笑地说：“我媳妇儿在马桶上坐了一夜。”用故事来嘚瑟，效果会很不错，但这种嘚瑟不能当真。

第三个注意事项：故事的基调是积极正面的。

针对愚笨这个关键词，我准备过一个好笑的故事。有一次我要去餐馆开发票，发票抬头是“竞越”两个字（那个年代开发票还不需要公司全称），为了让招待员看清楚是“竞”而不是“竟”，我特意在“竞”字下面标注上“不是竟”。5分钟后，发票开好了，我接过来一看，抬头写着“竞越不是竟”。故事讲完后，我不禁感叹起那位招待员：“有些人表面上看是笨笨的，其实别的方面可能聪明过人。”

微交谈很忌讳把聊天变成一场恶意的嘲讽，因为这样就等于无形中拉低了所有参与者的品位。相信我，所有的故事，不管过程和结局如何，都可以展现积极的一面。

引用维多利亚时代英国最伟大的作家查尔斯·狄更斯的视角，我们可以看到他观察到的现实世界是：

> 这是一个最好的时代，这是一个最坏的时代；
> 这是一个智慧的年代，这是一个愚蠢的年代；
> 这是一个信任的时期，这是一个怀疑的时期；
> 这是一个光明的季节，这是一个黑暗的季节；
> 这是希望之春，这是失望之冬；
> 人们面前应有尽有，人们面前一无所有；
> 人们正踏上天堂之路，人们正走向地狱之门。
>
> ——《双城记》

不管是什么样的故事，我们都可以从中构建有意义的内容。故事烂熟于心，搭话才可以一击即中。

谈论双方的优势话题

“

自己这个东西是看不见的，撞上一些别的什么反弹回来，

才会了解自己。

所以，跟很强的东西、可怕的东西、水准很高的东西相碰撞，

然后才知道自己是什么，这才是自我。

——山本耀司　日本时装设计师

”

我们不是为了微交谈而微交谈。我们的每次微交谈都会产生价值。这个价值不在于你多认识了一位朋友，而在于你对自己有了更深的了解。为什么？

首先，我希望在一次交谈中，能够谈到彼此的优势话题。所谓优势话题，就是那些能让你或他人滔滔不绝地说上几个小时的话题。每个人都有他的过人之处，每个人都是某方面的专家。

当聊到你自己的优势话题时，你发现自己才思泉涌，于是，你对自己这个领域的天分更笃定自信了。

当聊到对方的优势话题时，就像山本耀司所说的“跟很强的东西、水准很高的东西相碰撞”那样，你的“自我”会弹回来，于是，你要么对这个领域产生浓厚的兴趣，要么直接发现了自己

天分上的缺失，从而不会在日后做无谓的付出。

有一次，我和一个创业者聊天。在聊到创业的新点子时，我面前的这位激情澎湃且聪慧过人的创业者，会把这个点子分析得头头是道，当场就能列出第一步怎样做，第二步怎样做，难点在哪里，是否可持续发展，等等；而我只能坐在那里频频点头。我看到，她的身体里流动着商业的血液，这似乎是她与生俱来的能力。在那一刻，我跟她这种“很强的东西、水准很高的东西相碰撞”，我的“自我”弹回来了，我的结论是，创业的战场，就是为她这样的人准备的，我的大脑构造适合做研究，不适合在创业领域拼杀。

所以，在谈话中找到双方的优势话题很重要。每个优势话题，都能创造一次“跟很强的东西、水准很高的东西相碰撞”的机会。

如何在交谈中定位优势话题，并有技巧地转到这个优势话题上？我的建议是利用俄罗斯套娃法或原子核法。这两个方法是美国的社交技能导师帕特里克·金介绍的。

在学这两个方法之前，我们回顾一下培根的那句话：阅读使人充实，会谈使人敏捷。你的思维要足够敏捷，一边聊一边在脑子里迅速地规划好自己和对方的优势话题。只要有了目标，路径就容易找到了。不管你们现在正在谈什么，我相信，有了前方的目标，就能找到路径。关键是，你要敏捷地捕捉到那个目标——优势话题。

在交谈的过程中，你的耳朵要像雷达一样，捕捉某些关键词，在这个关键词的话题上，你或他具备专业知识，有独特的经历，积累了丰富的素材。这个话题能让你或他克服怯懦，打开僵局，获得安全感，并渐入佳境。

第一个方法：俄罗斯套娃定位法。

我们先来看一下俄罗斯套娃是什么样的。俄罗斯套娃里那个最小的娃娃都就是你或他的优势话题，这个话题专业性强，往外的每一个更大的娃娃都代表着专业性越来越弱，普遍性越来越强。

我举个例子，我的优势话题是跨文化沟通，那么，凡是聊到涉外话题，我都有机会将其过渡到我的优势话题上来。

他说："今年暑假准备带孩子去国外玩一玩。"

国外？这就是涉外了。我意识到，这是个聊到我的优势话题的机会。

我问道："去哪里？"

他说："法国。"

我说："好棒，你平时这么忙，去法国度假很合适，南欧是西方世界最'多向时间文化性格'的地方，时间不是被当作工具来用的，而是被用来慢慢经历的。和法国人吃饭，你就不要安排别的节目了，做好准备，那是要吃一个晚上的。"

这就是俄罗斯套娃法，我们从国外聊到法国，聊到法国人的时间观念。娃娃从外往内，一个比一个小。

再比如，你的优势话题是四川火锅，在俄罗斯套娃法中，四川火锅是那个最小的套娃，依次往外，套娃越来越大，它们是四川火锅、川菜、中式美食、烹饪艺术。当大家聊到川菜、中式美食、烹饪艺术的任何时候，你都有机会转到你的优势话题——四川火锅上。

这个俄罗斯套娃法，也能帮助你很容易过渡到对方的优势话题上。比如，对方是酒店经理，你在和他聊天的过程中就应该同时敏捷地思考和酒店相关的专业问题。此时，你们正在聊爱好。

他说："我喜欢爬山。"

你可以接话道："是啊，我也喜欢爬山，我出差的时候还经常游泳。酒店的游泳池人少，水又干净。对了，请教一下，不同的星级酒店配备游泳池的标准是什么，我订酒店的时候有什么需要注意的？"

你看，游泳，游泳池，酒店游泳池，娃娃一个比一个小，最后聊到他的优势话题。

或者，他说完他喜欢爬山以后，你可以说："春天爬山的时候，我很喜欢摘些嫩芽回来插在瓶子里。请教一下，酒店里栽培的室内绿植和室外绿植有什么讲究呢？"

这一次，是爬山，绿色植物，酒店绿植，同样娃娃一个比一个小，最后又聊到了他的优势话题。

第二个方法：原子核定位法。中间的那个原子核是你的优势话题，电子绕其运动，它们都与优势话题相关，但专业性不见得会减弱。

在原子核方法中，前面那个例子中的四川火锅就是原子核，在它旁边的电子是四川火锅、奇怪食材、推荐餐馆、瑞士奶酪火锅、川民风情等。当大家聊到奇怪食材、推荐餐馆、瑞士奶酪火锅、川民风情的时候，你都有机会转到你的优势话题——四川火锅。

所以，只要敏捷地确定那个大致的优势话题范围，找到路径就不难。

如何让对话转到你的优势话题上来？你可以用以下过渡语：

1.“……这个……让我想起……”

例如：“（你推荐的）这个（餐馆）让我想起（我最喜欢的那家火锅店）。”

2.“说起……，不得不提一提……”

例如：“说起（智慧在民间），不得不提一提（现在的火锅，就是过去嘉陵江边的苦力发明的）。”

3.“你在研究……的时候，有没有听说过……”

例如：“你在研究（民宿这一行）的时候，有没有听说过（日本的温泉民宿通常都是带餐饮服务的），（我有个朋友在四川，他也想开个提供正宗川味火锅的民宿，还配上麻将）。”

4.“对啊，最近我恰巧读了一本关于……的书。”

例如：“对啊，最近我恰巧读了一本关于（奇怪食材）的书，（里面尤其提到四川火锅中的黄喉、猪脑、毛肚）。”

5.“说到……你看可不可以换个角度理解……”

例如："说到（法国人时间观念很弱），你看可不可以换个角度理解，（正是这个文化特质，催生了一切和生活相关的文化，比如法国饮食文化。四川人很像法国人，火锅是要吃上两个钟头的）。"

6."和……不太一样的是……"

例如："和（瑞士奶酪火锅）不太一样的是，（四川火锅是不涮水果的）。"

从这么多的过渡语上来看，会微交谈的人不是真的会谈天说地，而是懂得有技巧地往自己的优势话题上转。

你转到自己的优势话题后，就找到主场的感觉了，对方也可以放松一会儿，因为你聊得很起劲儿。但是请注意，要适可而止。别忘了，两个人在打球，球在你手里不能超过 40 秒。

同样，当对方安静腼腆时，你可以用这两个方法帮他找到优势话题，他同样会感觉舒适。如果你还完全不了解对方，那么我来归类一下，把优势话题这事儿弄得更简单一些。

以性别和年龄来分，成功男士爱聊事业，普通男士爱聊老庄哲学；青年男士爱聊理想，老年男士爱聊过去的辉煌；青年女性爱聊时尚，中年女性爱聊家庭和孩子，老年女性爱聊养生。

以地域来分，和潮汕人聊会持家的女人，和北京人聊国家和世界大事，和上海人聊有情调的生活方式，和温州人聊经商致富，和广东人聊美食，等等。

在和这些人谈话时，任何时候，你都可以将话题引导到他们的优势话题上。比如，对方是年轻女孩，你们在一个讲座的茶歇中交谈。提示你一下，年轻女孩的优势话题一般是时尚。

她说："最近很忙，公司年底了要赶业绩，连午饭都没时间吃。"

你可以说："没时间吃午饭的美女，还是挤出了时间做指甲。你的指甲做得真漂亮，有推荐的美甲师吗？"

再比如，对方是一位年长的成功男士，你们在一个峰会上正好坐在一起，他是演讲嘉宾之一。提示你一下，老年男士的优势话题是过去的辉煌。

他说："今天到场的人很多。"

你可以说："比今天人更多的场面您肯定经历过。您听众最多的一次演讲是什么情景？"

找到彼此的优势话题是让你俩聊嗨的非常有效的方法。在一次交谈中，如果你们双方都有机会聊到自己的优势话题，那么一定会聊得很尽兴。

在微交谈中，双方有没有不要谈的话题呢？如果是一个禁忌话题，那么哪怕你懂得再多，也不适合作为优势话题来发挥，因为这样的碰撞可能是毁灭性的。

罗振宇老师观察到，在中国朋友圈里，有两大割席断交的话题：转基因、中医。我观察到，在美国朋友圈里，也有两大割席断交的话题：特朗普、医改。咱们在聊天时，最好不要涉及这些无谓的话题，否则一场轻松的谈话会以沉重收场。

微交谈，就是一次充满灵感和智慧的挑战。谈双方的优势话题，更是发现自我的契机。

魅力公式

“

世界上具有价值的商品不是金子或钻石，而是魅力。

——莎拉·伯恩哈特　法国舞台剧和电影女演员

”

一般来讲，沟通场景是内容与形式相互嵌入，合二为一。那么，究竟是内容重要，还是形式重要？社交场合的微交谈，因为双方不是做学术交流或工作报告，所以相比于内容，形式更重要。双方的眼神、肢体动作、气质，以及传达出的信息，比说话内容本身更重要。美国初创企业专业咨询公司的创始人兼首席执行官马丁兹·威灵说过：“伟大的关系不会只流于谈话。他们有意识地通过表现和语调来塑造自己。”

我们经常会和陌生人见面，但大多数会面不会给我们留下任何印象，当事人在我们的人生轨迹中也不会留下痕迹。只有少数会面会让我们日后反复回味，甚至对方的某观点、某句话，会促使我们做出一个彻底改变的决定。这些人在短时间内传递出自己的魅力，而且影响持久。

人的魅力来自六大要素：财富、地位、相貌、人品、学识、性格。

人人都想在社交中达成最合算的交易。在与你结识时，对方难免会想“这对我有什么好处”。其实，万物皆有价值，人的价值尽管是主观的，但与产品一样，大家在自由选择朋友的时候，通常会权衡上述六大要素。

这六大要素中前三大要素是财富、地位、相貌，按中国人的理解，它们或基于命，或基于运，很难改变。幸运的是，它们并不是我们建立友谊的唯一指标；后三个要素是正直的人品、渊博的学识、令人愉悦的性格，它们都基于后天的修炼和努力，也是你的资产，也能为你加分，正所谓“胜己者，德隆者，有趣者，可做知己”。

我进一步发现，这六个要素都可以在短时间的社交中表现出来。美国著名职场教练奥利维娅·福克斯·卡巴恩反复论证，魅力可以后天修炼养成，人人都能学得会。魅力这个东西，在某些人身上就像一个开关，需要时“啪”的一声打开。在卡巴恩的课程里，她创造了一个魅力公式：魅力 = 权威性 + 亲和力 + 专注当下。我们惊喜地看到，这个公式里包含了上述六个要素：权威性——财富、地位、渊博的学识；亲和力——相貌、令人愉悦的性格；专注当下——尊重对方的人品。也就是说，哪怕财富和地位不是一时能改变的，我们也能通过训练，通过社交魅力释放出权威性；哪怕相貌真是上天赋予的，我们也可以通过训练，通过社交魅力释放亲和力。

这么一说，你是不是有自信了？如果是，接下来，你应该怎样绽放魅力？

魅力，英文是 charm 或 glamor，我觉得 glamor 这个词更适合描述社交场合释放出的魅力——瞬间熠熠生辉、闪闪动人。绽放社交魅力，就是让自己置身于社交舞台上，并且享受自己的演出。

就像美国中央情报局（CIA）敏锐的前情报官 J.C. 卡尔森观察到的，在社交场合，总有一些拙劣的魅力展示者，他们过分强调自己多么有魅力，比如“长时间的握手，夸张的笑容，带着些许傲气的目光，他们放声大笑……在我们最初的对话中，他们不断地使用我的名字，而有些人为了强调观点，甚至会伸手轻轻地触碰我的手臂……很让人厌烦，是不是？我们都发现了——这是二手车推销员才会用的老套手法”。

我们在社交场合表现出来的魅力要恰如其分。那么，我们来试着套用一下卡巴恩女士的魅力公式：魅力 = 权威性 + 亲和力 + 专注当下。

权威性

斯坦福大学著名组织行为学教授杰弗瑞·菲佛指出，权力是“演”出来的。“领导力的秘诀就是扮演角色，要装模作样，要给这门舞台艺术赋予技巧。”

你有表演精神吗？为了演出权威性，我提出几条建议：

第一，先用专业术语虚张声势，再用平白的语言阐释清楚。

故意说一个普通人听不懂的术语，然后来一个平实的类比，这样权威性和亲和力就兼具了。比如，脑梗死是一个专业术语，你应该解释一下，脑细胞就像稻田里的秧苗，早期缺一点儿水，如果能及时恢复灌注，它就不会干死；但时间长了等地缝都裂开了，再灌注就晚了。

第二，用低沉带磁性的声音。

呼救的声音都是尖锐高亢的，自信笃定的声音都是低沉带磁性的；而且这样的声音，有利于创造一个属于你们自己的空间。

第三，频频点头会损害一个人的魅力指数。

小鸡啄米式的点头让你看上去像一个小学生，因此要想演出领导力，你就必须只在深度认同的时候才偶尔点头。

第四，说话切忌太快。

说话放慢语速。只有缺乏自信的人才会用较快的语速来尝试证明自己。敢于沉默两三秒再表达重要信息的人，演技一定最高。

第五，动作从容。

不需要每一句话都伴随着雷霆般的大笑，以及大幅度的摆手、晃头。从容，指肢体动作速度不要太快，同时要用最短的路径去完成一个动作。也就是说，没有多余的小动作，很干净利落，同时，动作的速度适中。动作太迅速会显得不优雅。想想大排档的服务员和五星级酒店里接受过专业培训的服务员，我想你大概就能明白其中的意思了。

亲和力

高语境文化性格的人在社交场合容易被对方误认为不够投入或冷漠。举个例子，中国文化就是高语境文化。所谓语境，指的是前后背景。也就是说，我在和你沟通的时候，假设你已经了解了背景信息，那么，我在表达的时候就不需要表达得那么清楚，点到即可，否则，表达太清楚会是对你智商的侮辱。而有些文化是低语境文化，也就是说，我假设你完全不了解背景，我在说话的时候，要尽可能地说清楚。

高语境文化性格体现在身体语言上的表现是，高语境文化不仅认为话不需要讲得太清楚，而且认为身体语言不需要太有表现力。所以，中国人、日本人经常正襟危坐、面沉似水。这种身体语言，在谈判桌上是一个利器，因为对方看不透你。而在社交场合，人声鼎沸，人头攒动，这种不动声色可能会被误认为太过冷漠，没有亲和力。

如何避免这种误解？我们可以从两方面来做改变。

第一，让身体语言具备一定的表达力。这方面我们可以学习意大利人，他们是身体语言的典范。想想意大利的电影片段、意大利的访谈节目，甚至意大利的肥皂剧。他们很善于用手势来加强自己的表达效果。有人开玩笑，两个意大利人甚至不用说话，光靠手势就可以完成一段简单的对话。当然，作为学习者，你完全不需要那么夸张，慢一点儿，幅度小一点儿，便可以优雅与活力兼具了。

第二，让身体语言始终处于打开的状态。有学员问我，可不可以双手抱胸。你如果觉得这个姿势让你感到舒服和放松，就完全可以这样做，但你要保证身体其他部分是打开的。比如，肩膀是打开的，不是耸肩驼背；你的脚是对着他的，不是对着旁边准备出逃的姿势；你不是一边说话一边往后退。

如果你感到紧张，不知道双手该放哪里，那么你可以拿一个道具，比如一支笔、一个本子、一个水杯。手里抓着道具，可能会更有助于你打开身体的其他部分。我习惯用鸡尾酒杯、餐盘、叉子做道具，来抚慰我那双无处安放的手。

专注当下

与人聊天，一定要心无旁骛，专注，专注，再专注。我在你身上花了多少时间不重要，重要的是，我和你交谈时，整个身心都在你身上。

社交高手懂得用眼神交流来提升自己的专注力。当你专注时，你自然会注视对方，这种注视是可以愉悦对方的。因为人在注视的时候，瞳孔会扩大。你如果仔细观察林青霞或克拉克·盖博的老照片，就会发现他们的瞳孔大得夸张。这是后期图像处理刻意而为的结果。瞳孔测量学里已有实验证明，大瞳孔更有魅力。

为什么大瞳孔会更有魅力？根据常识，我们就可以回答这个问题：人们对喜欢的事物总是想要多看几眼。从专业角度来回答，人类学家海伦·费舍尔认为这是一种动物本能。直接的目光接触触发了“人类大脑中一个原始的区域，并引发了人类两种基本情绪中的一种——接近或逃跑”。如果你的目光足够诚恳和温柔，他就会选择亲近。

《人格研究杂志》曾刊文指出：根据报道，那些长时间注视聊天对象眼睛，并同样得到对方长时间注视的参与者，获得的情感比其他参与者明显深厚很多。也就是说，那些互相凝视的参与者之间迅速产生了强烈的爱和喜欢。

眼神能帮你传递“我的注意力全在你身上”的信息。眼睛和心的距离是最近的。在社交场合，通过眼神，你能感知现场哪些人想和你交流；通过眼神，你也能从人群中挑选出一个人来，让他知道你想和他单独交谈。

我在做培训时，会用眼神敏锐地捕捉下面听众的目光。我如果失去了与下面听众的目光的接触，就会自然明白这个知识点不够有趣，或讲得太久了。我会立刻加快节奏，讲到下一个知识点上；当他们的眼神都在追随我的目光时，我立刻明白，我讲到点子上了，于是可以多发挥几句，这样他们的眼睛会立刻亮起来，继续用目光追随我。

眼神还能通过放大你的情绪来表达关注。在社交场合，人声嘈杂，你传递出去的信息需要经过各种噪声的过滤才能到达对方。

所以，你的情绪表达需要比平时更大、更夸张，而眼神能帮你做到。比如，睁大眼睛表达惊讶，微微眯缝着眼睛表示疑惑，迅速眨一下眼睛表示好奇，带着笑意的眼睛表示感谢，等等。如果你知道通过眼神与人交流，那么人家会觉得你很会说话。

不过，也经常会有学员对是不是需要在聊天过程中一直注视对方表示困惑。这样的困惑用英国著名动物学家德斯蒙德·莫里斯的话来解释就是："当一个人和另一个人对视的时候，这两个人会立刻发现自己很矛盾，既想要和对方有眼神接触，又想要避开对方的眼神。如此来来去去，便发展成人类一套复杂的眼神移动模式。"那么，我来介绍几个原则吧。

第一个原则：别人和你说话时，你的眼睛一定要看着他。

我强调"一定"！因为你需要通过眼神传达"我尊重你，我喜欢你"的信号。还记得我在前面讲过的吗？每个人都有被尊重的需求，而我们的眼睛是心灵的窗口，你通过直视他的眼睛，表达出这样的意思：你说的每个字我都很感兴趣，请继续说下去。

第二个原则：你和别人说话时，眼睛可以看向其他地方，但不要过分地东张西望。

你在说话时，思维是跳跃的、发散的。同样，眼睛是心灵的窗户，说话时的你正在做活跃的思考，所以你的眼神可以跳跃。但你的眼神从他面部游离开的距离不要过大，频率不要过高，否则就像在掩饰事实或者撒谎了。

当你遵守这两个原则时，对方会觉得你很谦和，和你在一起没有压力。为什么？在社交学中，有一个VDR理论，英文全称是Visual Dominance Ratio，译为视觉支配性比率，它的具体计算方法是“对方说话时直视你的时间”除以“对方倾听你时的直视时间”，数值越大，暗示了这个人地位越高，越有权势。比如领导给你下达指令，他在讲话时会直视你，这个时间很长，你向他汇报工作时，他可能在看自己的手机，倾听你时的直视时间就少，用“对方说话时直视你的时间”除以“对方倾听你时的直视时间”，VDR数值就会很大。

同理，你如果在谈判时要给对方制造压力，就可以有意地加大这个VDR的数值。反过来，在与陌生人交谈时，你如果想让对方觉得你有亲和力、愿意接近你，就可以有意地减小VDR数值，也就是遵守上述的原则一和原则二：你在倾听时直视对方的时间，多过你在说话时直视对方的时间，这样，VDR数值就小了。

另外，还有两个方法可以增加眼神的自然度。让眼睛富有动感，有助于避免因强烈的直视而可能产生的恐吓效果。这个方法是“视线移位”。从他的一只眼睛转向另一只眼睛，或者在他的双眼和嘴唇间勾勒出一个三角形。如果你和他互相直面对方，对方需要释放来自你的强烈关注，你要用“侧视”的方法：目光随意瞥向他脸的一侧，从一个耳朵到另一个耳朵，然后转向他的嘴和眼睛，侧视的时间很短暂，不要超过2～3秒，不然就是分心。侧视不是让你有机会去看其他人或物，同时保持目光温馨怡人，动作不要太过了，否则会让人以为你眼部痉挛。

以上就是我尝试套用卡巴恩女士的魅力公式，来指导你如何瞬间提升自己的社交魅力。

魅力，看似是一个无所不容、难以捉摸、天赋异禀的东西，被诠释在了这个通过后天可以修炼而成的公式（魅力＝权威性＋亲和力＋专注当下）里。这个世界只青睐善于把自身价值展示给他人的人。将自己的最美一面呈现给这个世界，世界也会回馈给你最美的东西。

让世界见识到你的美好。

修炼你的谈吐

“

世界是一个舞台，任何细微的台词变化都会引发戏剧性的不同。

——罗伯特·B. 西奥迪尼

”

在从事企业培训的最初几年里，我在课程内容打磨上花的时间比较多，但在之后的岁月里，我却一直在修炼如何表述。

我进而发现，所有的职业做到最后，都是在修炼表达这门功夫。比如，有经验的大堂经理，将进出酒店大堂的顾客做最合理的引流，表达出有序；技艺高超的厨师，通过烹饪、选择餐盘色彩、调整食物形状，表达出美味；天才软件设计师，将复杂的问题抽象为不同层次和角度，通过用户的界面，表达出精确。

在与人交换谈资的过程中，我们究竟在表达什么？简单来讲，我们既在表达智慧，又在表达趣味。可是，不同的听众喜欢不同的语言风格；而且语言风格有很多种，平实的、清晰的、含蓄的、直接的，文绉绉的、街头的、庄重的、诙谐的等等。语言风格无优劣之分，但它们受欢迎的程度各不相同。下面我们来探讨一下最受欢迎的三种语言风格。

干净的语言

所谓干净的语言，是指去“泥”去“水”后的语言。现代人越来越习惯于接受高密度的信息。百万粉丝公众号 Spenser 的创始人陈立飞指出，现在大家已经不是一个字一个字，或一行一行地阅读了，大家开始一屏一屏地阅读，一篇文章如果给的刺激点不够频繁，就会很快失去读者。他做了一个比喻，写好文章就像拍商业电影，两三分钟要给一个刺激点，如果还是文艺电影的风格，节奏慢、伏笔深，很快就会失去读者。我觉得，这个比喻放在微交谈中再合适不过了。

人的思维速度明显快过说话速度。一般人说话是 125~150 字 / 分钟，而美国作者哈里 · 弗里德曼在《销售洗脑》一书中介绍，从生理的角度测算，人每分钟能听完 1 000 字！你看，说话速度和思维速度之间出现了巨大的缺口。所以，听人说话的时候走神，是一件再自然不过的事情。怎么办？

作为说话者，如果我们用加快语速来弥补这个缺口，那么你会说到让自己缺氧，而且语速太快的人也显得没气场。怎么办？我在上课的时候，为了钩住所有人的专注力，用的方法是在单位时间内输出更多信息。我挤掉话语中的一切水分和杂质，用紧锣密鼓的信息，层层递进，推进谈话。与之相反的说话方式是，口若悬河，却没有包含多少有价值的信息，这实在让人生厌。

所以比较高级的说话方式是，语速不会过快，但单位时间里信息量足够大。这种说话方式，比起语速过快但又有很多口水话和废话的方式，要让人愉悦很多。再加上现在人们用于社交的时间越来越少，比如午餐时，本来可以和他人交谈，但碎片化学习的习惯让你更愿意独自用餐；会议开始前，本来你可以和周围的人先暖暖场，但分秒必争的你可能是掐准了时间才入场的。人们越来越珍视使用时间的效率。你用干净高效的语言表达了对对方时间的尊重。

我相信，充满高密度信息的谈话能引发高密度的思考，若干习惯于高密度思考的大脑凑在一起，更有可能催生灵感，产生有价值的连接。

有表情的语言

为什么有的人说话很催眠？因为他说话永远平缓温和，催眠师就是用这个方法来让客户睡着的。

怎样打破催眠式说话方式呢？当然，说话时，你可以随时切换音量大小或音调高低，为自己的声音制造“曲线”。可是我觉得还有一个更简单的办法——增加拟声词或语气词，它们是你的表情符。

正常说话时突然加入的几个拟声词或语气词，是一种非常规的声音。人类对非常规的声音的反馈很敏感。我的孩子在线上学英语，5 岁的孩子能静坐半小时学习实属不易，这靠的全是屏幕画面的反馈和声音反馈。游戏设计师甚至把声音反馈看得更重要。我儿子说的每一句话，或每一个触屏动作，电脑都会给出即时的声音反馈，有鼓掌声，有叫嘘声，有清脆的水晶落地声，有戛然而止的关门声，有弹跳声。这些生动的声音反馈让最好动的男孩也变得专注起来。

我在课堂上也经常使用这个方法。当我给学员讲故事时，如果我平铺直叙，用高冷范儿去讲，那么效果肯定一般。但如果我戏剧化一点儿，哪怕在模仿故事里的人物说话时稍微夸张地来几个语气词，比如“欸，哦，呀”，或者模拟几个声音“啪，拍桌子”“噔噔噔，跑过去”，效果立刻就出来了。

哪怕是一个最简单的语气词“嗯”，也有神奇的表情符功能。

一声的“嗯”，表示紧密的跟踪。

二声的“嗯”，表示浓浓的好奇。

三声的“嗯”，表示深入的思考。

四声的“嗯”，表示完全的肯定。

用拟声词和语气词来呈现有表情的语言，这应该是三种方法中最简便易行的。

开启人体五官体验的语言

引经据典、提出哲学反思、罗列科学数据，这些手法对于社交微交谈来讲太高深，很难用得上。怎样把对方吸引过来？我们在遣词造句的时候，不需要奇思妙想或天赋异禀，只需要稍稍用心，就可以制造出不一样的效果。

你觉得微交谈就是听觉的单一体验吗？当然不是。我们体验任何事物或活动，都可以用到五官的感觉：听觉、视觉、嗅觉、味觉、触觉。然而，过快的生活节奏让我们咬着牙关掉了自己的其他感官，只开启了一个感官，去快速完成手头的事情。英国心理咨询师雅基·马森指出："这样，我们便剥夺了自己享受更丰富体验的权利，甚至错失了收获喜悦的快乐。"

所以，在和他人微交谈时，表面上是你说，他听，你给他提供听觉体验；而实际上，你还可以开启他其他的感官体验。你能不能让他看到、闻到、尝到、摸到你的故事？我来举几个例子。

> 记得2018年7月，我坐在从深圳飞往北京的CA1368航班上。飞机马上就要起飞了，此时机长广播突然响起："我们突然收到通知，需要原地等待40分钟。您可以看看电影，或放下座椅靠背，闭目养神，在咖啡的清香中享受一

段难得的悠闲时光。”其中，“咖啡的清香”开启了我的嗅觉体验。

有人谈到去迪士尼乐园的经历：“那是很香甜的经历。我们是春天去的，整个乐园飘着各种花香，到处都是甜甜的音乐、甜甜的笑脸。”其中，“香甜”开启了我的嗅觉体验和味觉体验。

有人谈到楼上邻居装修：“一锤一锤地，不知道敲什么东西，就像一锤一锤敲到我脑子里的神经上，带来有节奏的钝痛。”其中，“钝痛”开启了我的触觉。

有人聊到童声乐团的歌声：“每次去听童声乐团唱歌，都觉得那声音真是美到只需要歌声，不需要伴奏，空气里飞舞着来自天堂的透明精灵。”其中，“飞舞着透明精灵”开启了我的视觉。

有人聊到她生产后发胖的窘境：“那个时候我胖得呀，如果哈哈大笑，眼睛就基本看不见了，上衣的扣子还可能会嘣的一声飞出去。”这个例子描述得很生动，既开启了我的视觉，又开启了我的听觉。

有人聊到早上推开咖啡馆门的那一刻：“哇，那就是天堂般的香味。”这是视觉和嗅觉的糅合。

你注意到了吗？要开启对方的五官体验，常用的方法是使用比喻的修辞手法、创造通感和还原画面。

一个人如果经常使用比喻、通感和画面来说话，说明这个人有精确表达的习惯。摆脱使用不必要的形容词的坏习惯，将它们换成比喻，或创造通感，或还原为画面。

“领导力语言工作室”的创办者、英国的西蒙·兰卡斯特鼓励我们使用这几种隐喻，以彰显自己身上的领导气质：关于人的隐喻、关于食物的隐喻、关于气候的隐喻、关于自然的隐喻。因为这四类隐喻在 3 万年前也起过作用，它们是“更自然、更永恒的隐喻”。

> 马云曾做比喻：“电商在美国是甜点，在中国是主食。”
>
> 井冈山时期，毛泽东非常重视根据地建设。他曾做过形象的比喻：“革命要有根据地，就像人要有屁股，人若没有屁股，便不能坐下来；要是老走着，老站着，定然不会持久；腿走酸了，站软了，就会倒下去。革命有了根据地，才能够有地方休整，恢复气力，补充力量，再继续战斗，扩大发展，走向最后胜利。”

交谈，不仅是声音和话语，还是一次多维的感受。两人就像在如茵的草地上，享受煦暖的阳光、啾啾鸟鸣、阵阵花香。不求完美，但求惬意。

在社交场合，当人人都显得很有逻辑时，表达方式就起关键作用了。这三个方法能增加你话语的黏度，让别人喜欢和你聊天，进而喜欢上你。

不要平铺直叙

“

谈话对各种年龄的人而言都有其乐趣，是很合理的消遣。

——吉斯特菲尔　英国著名的政治家、外交家

”

我不幽默。幽默是一种天赋，幽默的人在任何场合都是最受欢迎的那一位，我望尘莫及。但是，我一直都有幽默感，我能迅速地判断出人群中谁是那个幽默的说话者。

后来当我开始研究微交谈是怎么一回事时，我发现，像我这样天生不幽默的人根本不用自卑，其实只要说话有意思，同样会受到欢迎。

运用一些简单的方法就能做到说话有意思。我这里介绍三种方法。

方法一：用“猜、猜、猜”把你拉回纯真。

在众多童年乐趣中，猜谜一定排在前列。与其直接递给孩子一样玩具，不如将其握在手心里，让他来猜。他猜中后那一蹦三尺的兴奋感，能够感染整个房间。

“猜、猜、猜”的方法，可以让一次微交谈充满“探秘、揭秘、发现”的趣味。我举个例子。

在地铁站的月台上，你看到一个美女正在看杂志，并瞥见了那页的标题是《“90后”最爱的中国十大体育明星》，你可以猜到，这里面肯定有刘翔。于是你告诉了那位美女。

她回答：“对，有的。”

你又说：“郭晶晶也在里面吗？”

她说：“呦，郭晶晶落选啦。”

你可以说：“可惜啦，我就很喜欢她。她是我们河北老乡。”

话题就这样打开了。

为了充分挖掘猜谜游戏的乐趣，我建议你用以下方式提问。

不要问“你从哪里来？”

而是问“你从哪里来？等等，让我猜猜。给我两个提示吧。”

不要说“香港貌似很拥挤，可上海人口是香港人口的三倍多。”

而是问“你猜猜，上海和香港，哪边人口多？”

不要问“你最喜欢看哪部美国电视剧？”

而是问“你最喜欢看哪部美国电视剧？等等，让我猜猜。给我两个提示吧。”

在你们刚刚认识时，让人猜职业是一种很有趣的开场方式。

甲问："你是做什么的？"

乙回答："我这个职业啊，一天之内飞三个城市，还四处旅游不要钱。"

甲说："导游？"

乙说："真聪明，你是猜得最快的人哦。"

甲问："你是做什么职业的？"

乙回答："我做的是最牛的职业，每个人见到我都要乖乖地脱下帽子。"

甲说："让我猜猜，理发师？"

乙说："牛！"

甲问："你是从事哪一行的？"

乙回答："嗯，我是拿着显微镜的水管工。"

甲又问："这是什么职业？"

乙指了指脑门儿，说道："给你一个提示，研究这儿的。"

甲说："脑神经科学家？"

乙说："快猜中了，我是脑科大夫。"

甲问："你是从事哪一行的？"

乙回答："我呀，帮人聚焦，让他们看东西更清楚。"

甲说："卖放大镜的？"

乙说："我也想做啊。卖放大镜的绝对没有我们辛苦。"

甲又问："那你是做什么的？"

乙说："你想听真话还是假话？"

甲说："嗯……真话。"

乙说："那听好了。我们吃饭要狼吞虎咽；我们要生得一副好膀胱，要忍得住渴忍得住饿，还要忍得住困，并且要有5秒钟也能打个盹儿的本领。我们见到水龙头就想洗手；我们的活儿只能干好，不能干砸，否则需要一位保镖护驾！"

甲说："天啊！你干什么的呀"

乙说："江湖美名——披着白大褂的天使啊。我是眼科大夫。"

这位医生寥寥数句，就把这个光鲜职业下的骄傲和无奈描绘得既真诚又生动。这是一种我们可以仿效的方法。比如，套用在我身上，我可能会这么说。

甲问："你是做什么的？"

我说："我这个职业啊，是最自由，也是最不自由的。"

甲说："此话怎讲？"

我说："要有超人般的体力，小病不下线，大病还得死扛；要有非凡的适应力，能在五星级酒店和商务快捷酒店之间自由切换，在飞机商务舱和当地黑车之间自由切换；还要忍受与家人的离别，每次回家行李箱还没打开就又要上路了。

对了，还要随时出戏和入戏，在雷鸣般的掌声之后的下一秒，我可能就在出租车上孤独地睡过去了。”

甲说：“好惨，你到底是干什么的？”

我说：“你猜一猜，我们提供的服务更周到，陪聊陪笑，对了，还要陪吃陪喝。”

甲说：“企业培训师吗？”

我说：“正是！”

有一次，我在一家沙拉店吃东西，对面坐着一对年轻男女。那个男孩真是会聊天。

他说：“你选的这个沙拉套餐里，有三种食物，是负热量。你猜是什么？”

女孩就好奇了，问道：“负热量，什么意思？”

男孩说：“消耗它的热量比它本身的热量还要更高，也就是，你吃它比不吃它更消耗热量。”

“哇！”女孩低头用她的叉子扒拉着餐盘，仔仔细细地检查，“我猜是胡萝卜、黄瓜、番茄？”

“对啦。”男孩这时又接着开始猜谜游戏，“我刚刚从这个角度看你，发现你的侧面长得很像一个明星？”

女孩说：“是吗？没有吧。是谁？”

男孩说：“你自己真没发现？”

……

你发现没？这个游戏可以一直玩下去。和对方玩猜谜游戏，是说话风趣最简单的方式。这种方式可以让对方放松，打开他的话匣子，回到童真的快乐中。

方法二：借用反逻辑的基本公式。

在两千五百多年的哲学推演和心理实验后，大多数学者把幽默归结为“不一致”（ incongruity ）。而有专家指出，为了将“幽默”与“惊讶”“悲剧”“冒犯”区分开来，不一致不是最好的诠释，更精确的诠释是“无害的冒犯”（ benign violation ），它指的是一方面威胁到人们安宁、身份、正常认知，另一方面又显得很不错的表达方式。我说得简单一些，幽默是反逻辑且有度的。常用的关联词是“既然……就……”“之所以……是因为……”（注意，只要逻辑反转即可，不一定非要用上关联词）。比如：

既然你说得这么有道理，那就按照我说的做吧。

既然这道菜这么对你的胃口，那就转到我们这边来吧。

既然大家聊得这么开心，那么我们就现在结束吧，哈，不敢耽误大家明早上班。

既然你如此喜爱这幅画，那我就把它好好收藏在我这儿。

方圆一公里的路全堵住了，看来大家都知道今天的活动食物都是免费的。

今天散会后，估计大家都睡不着觉了，因为在会场都睡够了。

我妈老劝我：“多吃一点儿，这样才有劲儿减肥啊。”

而且，一句话的幽默可以被拆成一小段对话。在《85个实用好学的幽默技巧》中，我看到了三个学习素材，经过我的改编，我发现它们也很适用于社交场合。

大伙儿正在谈论兴趣爱好。

你说："我学了五年钢琴了。"

众人赞道："那你肯定弹得很好了。"

你说："嗯，终于敢去贝多芬面前弹了。"

听后，大家一阵惊诧。

你又补上一句："耳聋多年的贝多芬。"

甲说："这首曲子很好听啊，很耳熟。"

乙说："对的，你知道她弹的什么吗？"

甲说："钢琴。"

大伙儿正在谈论电影。

他问你："那部电影好看吗？"

你回答道："导演对电影节奏把握得很准，真正做到了和观众心有灵犀。"

他说："真的啊？"

你说："电影快放完的时候，观众已经走了一大半了。"

“无害的冒犯”这个公式够简单吧。郑渊洁经常用这种反其道而行之的逻辑——既然早起的鸟儿有虫吃，我们就晚点儿吧，早起的虫子被鸟抓了。

方法三：憨憨地直白解读。

略显傻气的直白回答，也可以制造趣味。比如，当有人问你们家有没有养狗，你可以回答：“有，有一只单身狗。”吴宗宪特别喜欢用直白的谐音效果来制造欢乐。

吴宗宪曾在节目里问嘉宾：“你在大学主修钢琴，那请问，你毕业之后修了多少架钢琴？”

当小小溜冰天后从节目中出场，吴宗宪说：“各位，天后级的人物……”

阿雅说：“对！”

吴宗宪说：“为什么是天后级的人物？因为家里住天后宫隔壁！”

吴宗宪曾和女嘉宾聊到爱马仕包，对方表示爱马仕包比较不会撞包，他说：“撞包？有人过来你稍微闪一下就好啊，干吗怕撞包呢？”

还有一次，有个嘉宾是卖新疆馕的，吴宗宪的搭档问嘉宾：“我想请问老板，比如说女生买回家后，能就放冰箱吗……”

他插话道：“女生买回家啊？！人口贩子啊？女生买回家，就直接处理了，你还放冰箱啊！”

我听到有人聊到DISC人格[支配型（dominance）、影响型（influence）、稳定型（steadiness）、服从型（compliance）]的时候，他问对方：“我是I型，影响型的。你是哪种？”

对方说：“我不知道。”

他笃定地说：“你不用测了，你肯定是C型的。”

对方说：“你这么肯定？”

他说：“你肯定C型啊，Cute，人见人爱型。”

有人问你：“你母校是哪里？”

你可以笑着说：“我母亲的学校是××学校。”

以上三种方法你学会了吗？方法一是，我不直接告诉你，而是让你来猜；方法二是，我不顺着你的逻辑来，而是反转逻辑；方法三是，我对某些字眼儿做非常规的解读。这三种方法都是在制造意外和起伏。有了意外和起伏，谈话者的紧张感就减弱了，还有了适度的刺激感。幽默是一种试探对方情绪和交谈开放度的方法，获得正面信号后，你可以继续用幽默让交谈迅速升温。于是，微交谈变得有意思起来。

最后提醒你，你如果用篇首吉斯特菲尔建议的“消遣”态度去看待谈话，就自然能创造和享受交谈带来的乐趣。当今时代节奏很快，人们养成了多任务处理的习惯。千万别把这个习惯带到交谈中，因为多任务处理鼓励的是简单扼要，遵循的是辩论节奏——辩论不是交谈。辩论让我们持续地警觉，而不是放松。感谢上天，正因为有交谈，我们才能偶尔放松，偶尔享乐，我们才不会在越来越快的节奏中失控。

“计划”与“即兴”之间的平衡

“

整个世界是一个舞台，所有男女不过是这个舞台上的演员，
他们有各自的活动场所，一个人在其一生中要扮演很多角色。
——莎士比亚

”

通过第二篇中各种方法的学习，你是否意识到，微交谈，就是“计划”与“即兴”之间的表演。

20 世纪有一位最为出色的社会学家——欧文·戈夫曼。他提出了“拟剧论”：人类的所有社会活动，本质上很像在舞台上演戏。

这和莎士比亚那句著名的“整个世界是一个舞台”是一个意思。仔细想想，人生就是从一个角色到另一个角色，从一部剧到下一部剧，有表演成功的，也有失败的。所以，人生的自我管理，

其实就是角色管理。在微交谈中，你我该如何扮演这个社交舞台上的角色呢？在戏剧界有两种基本表演方法：美式法，由里及表；欧式法，由表及里。我认为两种方法都值得借鉴。美式法是为自己设计好角色。相信自己扮演的角色，相信自己具有扮演这个角色的资格，并相信自己是在一种理想的动机下扮演这个角色。同时，欧式法也值得借鉴：我们要学习技巧显得很高兴、很激动、很关切，这样做之后，你也会开始感到高兴、激动；通过改变外在行为，来改变内心。

而不管借鉴哪种方法，微交谈这场表演，都是计划与即兴的平衡艺术。何为计划？我在第二篇里教你的各种打开交谈、深入交谈的方法就是计划，此外，你还要准备自己的故事，有条件的情况下要提前了解对方，找到双方交换价值的切入点。何为即兴？你对他并不熟知，这种新鲜和陌生，能刺激灵感迸发，让你关注当下，相时而动。虽然手里有脚本，但你每分每秒都在即兴表演。我认为微交谈的魅力就妙在即兴！因为即兴，一次微交谈可以演绎出无数种可能。比如，突然离题，之后又神奇地绕回来；比如，意外发现某人或某事的新奇之处；比如，面对一个突如其来的问题，你的灵感闪现。每一次微交谈都是混乱无序的。没问题，我们欢迎混乱。甚至，为了制造惊喜，我们还要制造混乱。

这场表演的真正难点在于，你的即兴和你的计划是否相符。用戈夫曼的理论来讲，你在社交中表达个体的两种符号活动——给予的（give）和流露的（give off）——是否一致。对方在和你互动的当时，无法检验你故事的真实度，但他不断地通过感官去检查你的 give 和 give off 是否保持了一致。让它们保持一致有个核心方法：目标角色一致。比如，你和偶遇的校友聊天，你的目标角色是“念旧的学弟”；你和领导聊天，你的目标角色是“上进的雇员”；你和参加会议的同行聊天，你的目标角色是“专业的研究者”。你的故事脚本和你的即兴发挥，都是为某个社交场景的目标角色服务的。只要你的故事围绕这个目标，目标确定了，你的表现和细节自然就到位了。紧张得心中小鹿乱撞没关系，只要它们撞向同一个方向就好。

作为一个能驾驭微交谈的艺术家，一个人时时刻刻都应提醒自己，要在计划与即兴之间保持平衡。如果计划太多，即兴太少，会过于在乎自己损失了什么，过于“保全面子”；反过来，如果即兴太多，计划太少，交谈容易流于表面、粗浅，最终成为泛泛的社交。

第三篇

拓展人脉圈

7'

心理暗示：让你爱上交谈

“

我不解决问题，我解决思考模式，问题则自然而解。

——露易丝·海　《生命的重建》作者

”

真正的改变，都是从认知到行动；一切有意义的改变，都是从内到外。正如圣经里的那句箴言说的那样：“因为他心怎样思量，他为人就是怎样。”

如果要真正地把社交习惯融入生活，我们首先就需要从认知上切换思维方式来看待社交，从而不排斥社交。《哈佛商业评论》曾介绍过4种方法：第一，专注于利用社交来学习新的知识；第二，找到共同利益，让社交具备实质意义；第三，思考你能给予什么；第四，找到更高的目标，会让你觉得社交更纯粹、更体面。

带着这4点认知，我们会更积极地投入社交行动。在行动的过程中，有没有方法能让自己进一步爱上社交，真正享受社交？我们可以尝试将心理暗示贯穿于整个行动。每个人都可以找到在自己身上起作用的心理暗示。

有人说，他的心理暗示法是：体内小宇宙爆发，因为社交需要高能量。他平时是一个低调沉稳的人，而在几十分钟的社交内，要爆发出高能量。他通常会在参加社交之前养精蓄锐，尽量保持安静。在进入社交场所之前，他会做一个能量仪式：闭上眼睛，深吸三口气，想象宇宙中的能量随着这三口气注入体内，激活他小宇宙的全部能量，然后，上场了！

还有人告诉我，他的心理暗示法就是，“我参加的是一个好玩儿的聚会”。可不就是这样吗？这个世界就是一个好玩儿的大聚会。在这个聚会上，没有陌生人，只有还没有认识的朋友。在这个聚会上，资讯大交融、乐趣大冲撞。相信我，聚会上大多数人比你想象得更友善宽容。最糟糕的情况不过是他不理你而已。那又有什么关系呢？给你透露一个小秘密，在我做研究和培训时所做的问卷调查中，没有出现过一个例子是你善意地搭讪却遭到对方拒绝的。

不要小看心理暗示法。通过冥想腹中有火焰，可以提高体温；通过冥想嘴里有柠檬片，可以促进分泌唾液；通过冥想指甲尖滑过玻璃的吱嘎声，你会难以忍受。心理的力量大到超乎你的想象。心理的力量能彻底改变你的情绪和生理状态。

我习惯用音乐来做心理暗示。音乐能激发我内心深处积极的情绪，积极的情绪可以直接兑换成社交货币，让我收获满满。

和你分享一下我在社交过程中，心里偷偷哼唱的三首歌曲。

顿悟

第一首歌曲，《你鼓舞了我》（You Raise Me Up）。

这首歌曲由新世纪音乐乐队神秘园（Secret Garden）创作，至少已被全球100多位艺人翻唱过。这首曲子和神迹与崇高有关。当它的旋律在我脑海里回荡时，与他人的交谈变成了这个世界给我的祝福；同时，它也是我对这个世界表达爱的出口。每次和他人的连接，何尝不是一个发生神迹的机会？当把崇高注入平凡的交谈时，我更无畏，更超然，更愉悦。

我的很多次“顿悟”，都是在交谈中获得的。记得当我在为孩子择校发愁时，我和一位教育界人士聊到了这个话题。

我说：“我仔细研究过，有些昂贵的私立学校，外籍老师的资质挺一般的，校园设施也和公立学校差不多，感觉性价比并不高。”

她一语中的，说道：“公立和私立的根本差别不在于学费，也不在于学生或老师的素质，而在于师生比。”

我一下子豁然开朗了。没错，师生比决定了老师的注意力聚焦在哪里。如果师生比是1:50，那么老师的注意力将聚焦于教学大纲的正常进度，当某些学生在某些方面表现得非正常时，他们就成了问题小孩。如果师生比是1:20，那么老师的注意力将聚焦于学生个体，保持教学进度不是首要目标，找到问题小孩绝妙聪明的那一面更重要。

这大概就是美国很多家庭选择home school（在家上学）的原因。那些父母，资质不见得比学校的老师高，但他们能够完全按照孩子的兴趣和接受程度来制订学习计划，而不是反过来操作。所以，教育者的注意力是最昂贵的。

这样的顿悟时刻有很多。我还记得当年我烦透了办公室政治，工作的热情已经消耗殆尽，我很快找到了一份新工作，正和他人聊起这事儿。

他说："听你的描述，这份工作和你上一份工作很像，如果你是因为不喜欢办公室政治，并且厌倦了待在这个行业里，那么这样换工作会不会是换汤不换药？"

"换汤不换药"这句话瞬间击中了我。可不是吗？新工作看似平台更好，待遇更优越，但其实根本没有摆脱过去的固有模式。

幸亏我和他有过这次交谈，否则我还真下不了决心尝试新职业。我相信凡是大胆切换过人生赛道的人，应该都有过这样的顿悟时刻。这样的时刻，大多是在和他人的接触中被催化出来的。

美国知名领导力专家埃丽卡·德旺指出，社交会带来连接思维，"连接思维是放大任何梦想最好、最有效率、最强有力的方式"。我的理解是，成就大事的人，常常有由外向内，再由内向外的连接思维，而连接思维，就是成就大事的基本逻辑。

所谓由外向内，就是与人建立的联系能激发你的好奇心和灵感，能催化思路的转变、行动的转变；所谓由内向外，就是当内心形成新的方向后，再从外部寻找和利用你能接触的所有人的力量去实现它。在这个过程中，我们该问的不是“我知道什么”，而是“我不知道什么”。

我在开篇提到的那位生产销售电子香烟的创业人士就具备这种由外向内、再由内向外的连接思维。他正如《连接时代》一书所说的，“当人们建立连接并彼此分享真实的东西和他们基本的天赋的时候，生产力、创新和工作满意度都会提升。”

交换故事

第二首歌曲，《最真的梦》。

这首歌曲由台湾音乐人罗大佑创作，周华健演唱。我们每一个人都是有故事的人。我们既有行业小故事，又有人生大故事。每个人都知道一些别人不知道的东西，这些东西是碎片化的，或者特超前，或者特接地气，或者特隐秘，总之，你在手机上、电脑上、书上看不到。在这个信息多元的时代，一次次的微交谈会调整你对这个事件、这个行业、这个城市，甚至这个时代的见解。我始终相信重要信息在非正式渠道里流通。

人们用交换故事的方式，来巩固和切换社会圈层。故事，让人们理解对方的价值和独特性，进而让人们感到被接纳，受欢迎。哪怕面对社会阶层更高的人，我们能给予的东西也比我们意识到的更多。金钱、社会关系、技术、信息是显性资源，感恩、认可、声誉是隐性资源，它们都可以蕴藏在故事中。

我们与对方交换故事的同时，也把人生的各种丰富的可能性打开了，原来我们的人生可以有更大的广度和深度。记得一位调香师和我分享过一个故事，一家金融机构要求他们调适出一种让客户觉得很安全的香氛，他决定用馥奇香做基底（这种香味最“德高望重”），减少薰衣草（因为太“飘”），加重柏木香和香根草（这是经典“男士香”），琥珀香减低甜味（这样更沉稳），最终客户很满意。自从听了他的这个故事后，我只要一推开银行大门，就会用鼻子努力地探寻空气中那种让顾客感觉安全的香氛；并且，这个习惯还被带入我逛商店、走进酒店大厅、打开商品包装的那一刻，我一边闻，一边体验商家如何利用气味来影响顾客。瞧，他的故事打开了我生命中芬芳美好的一面。

确认眼神

第三首歌曲，《醉赤壁》。

《醉赤壁》里有一句歌词：确认过眼神，我遇上对的人。这不正是线下社交的魅力吗？没确认过眼神，你敢说你遇上的是真正对的人吗？线下社交具有真实感。

《纽约时报》畅销书作家丹·施瓦贝尔曾指出：“你的关系，乃至你的社会资本，取决于你的真实性。”你需要以最真实的面貌结识他人。在真实的空间，和鲜活的、有气息的、真实的人缔结情感，彼此传递真实的活力，其实是一种非常真实的快乐。

现在，虚拟世界和真实世界的界限越来越模糊。通过手机点外卖，我们不再需要和餐馆小伙子打招呼；GPS（全球定位系统）

导航，让我们省去了找人问路的麻烦；英语学习软件，让我们停止去英语角；问候短信，代替了我们登门拜年的传统。种种替代现象，加速了人们生活的步伐，让人振奋；同时，这也让人困惑。因为，虚拟世界无法带来生命的真实感和充盈感。

在和餐馆小伙子打招呼时，我不仅能告诉他需要点哪些餐，还能和他共同对当日交通的状况做一番吐槽；在找人问路时，我能从当地人的言行举止中感受这个城市的气息；在英语角里，我能从学习伙伴说英语时紧张的双唇、微红的脸颊上获得自我鼓励；在登门拜年时，我和亲友的拥抱，彼此传递的温暖是无法用言语替代的。

社交触角伸出去的时候，我们不仅交流信息，还交流心情、感悟。所以，现代人的孤独在于，我们碰触到了过量的信息，却碰触不到灵魂。

所以，以慕课为代表的线上教育刚开始的时候人们趋之若鹜，但不尽如人意；远程办公早就实现了，但人们还是渴望聚集在同一个空间里，碰撞思想，协同合作。

有了这三个心理暗示法，每一次与陌生人交谈，于我而言都不再是一种负担，而是一份礼物。它每天都在为我的生活增添新鲜元素。

希望你也能找到在你身上起作用的心理暗示法。没有普遍适用的最好的心理暗示，只有对你来说最好的心理暗示。

有了心法，再练招式，无敌！

8′ 如何用微信交谈

“

人与物、人与服务的连接，关键就在于人工智能。可以说，整个人类的“朋友圈”规模将会从几十亿，扩大为几百亿，甚至几千亿。这就是我们所说的“大社交”时代。

——马化腾

”

让“状态全满”的连接更有质量

告别时互加微信，等于双方默许了关系可以更进一步。这样的告别，并不是真正的告别。现代技术能让我们通过全球卫星系统彼此定位，通过高速WiFi（无线网络）在社交媒体上彼此追踪，现代技术为我们创造了持续连接的机会，而且是“状态全满”的连接。

什么是“状态全满”的连接？用美国畅销书作者乔舒亚·库

珀·雷默的话说，就是“不断持续、永远运转的连接”。老一辈在家中对家人、在学校对朋友说“回头见”时，他们就真的拜拜了，他们中断了连接状态。而当今一代从未真正离开彼此，我们挥手告别时说的“回头见”，那就是回头见、迟些见面——迟些咱们在skype（一款即时通信软件）视频里、脸书上、线上聊天中还会见面的。

“状态全满”的英文是statefulness，这本来是计算机系统设计师对高速连接的极点的称呼。其中的“state”指“状态”，我们可以理解为电路的带电状态和不带电状态、接通开关状态和切断开关状态。

这种“状态全满”的连接让现代人越来越疲惫，让现代人的时间越来越拥挤。我们养成了拿着手机“刷刷刷”的习惯，我们还会产生错觉，好像朋友圈里的人是我们真正的朋友。同时，随着朋友圈的扩大，我们却感觉越来越孤独。虽然状态全满，但连接质量低。

我不提倡花大量时间浏览微信朋友圈，因为时间很容易被碎片化地浪费掉。但是，我认同用微信来“协助”社交，因为如果线上社交做得好，就可以让状态全满的连接更有质量。我们可以选出优质联系人，用微信聊天的方式来弥补线下不常见面的疏远感，维护我们之间的熟稔度。如果说线下的偶尔见面是“点”，那么线上的持续社交就是将这些点连在一起的“线”。

首先，用微信而不是电话，作为重复联系的工具。一是微信方式看起来没那么饥渴；二是它保证了对方接收信息时的舒适度。

现在已经很少有人愿意接陌生号码的电话了。在职场上，国外更多的是电子邮件文化，国内则是即时通信（IM，instant message），最常见的软件就是微信。为什么有这样的差异？东方的沟通文化是泛指的沟通，人们习惯去揣测和暗示，而即时通信比邮件更能提供这种能让人揣测和暗示的场域。这意味着，在微信聊天时，我们不仅要关注内容，还要关注如何构建一个和谐的聊天场域。

那么，微信聊天可以怎样开场，怎样进行，怎样结束？

其实，比起现场聊天，微信聊天没有时间上的压力，双方都有足够多的时间来思考话题、斟酌用词，同时，这也意味着，我们对微信聊天的质量要求更高。

发起交谈

开场的话题，可以是对方生活或工作中发生的新鲜事。

> 看到你国庆假期去意大利了，玩得很开心吧！
>
> 恭喜你，课程在得到上线了。
>
> 换新头像啦，好清新！

开场的话题，还可以是你身边发生的事情，而这件事情让你想起了他。在微信交谈中，你可以提及最近上演的电影，或者新发现的一家餐馆、美甲店。比如：

你发微信给对方："刚刚在一家湖南菜馆吃饭，里面的臭豆腐味道极佳，肯定是你的菜。"或者："向你这个斯皮尔伯格的头号粉丝报告一下，我下午会去看电影《头号玩家》，据说里面有彩蛋。"

如果是和很久没有联系的老朋友聊天，在微信上的开场话题可以是一张过去的老照片或老物件。我有一个习惯就是，当我看到过去的老照片时，一定会拍下来，发给照片上的老朋友。和对方一起寻找过去的记忆，尤其是爱的记忆，可以让对方感受到幸福。

我经常这样开场："我还记得上大学那会儿，你就是我们宿舍的活闹钟，每天第一个准点起床。"

或者："我很怀念那个时候，一到周末，我们就去商业街顶头第一家撸串。"这是能给双方制造"小确幸"的聊天，这些微小但确切的幸福，为生活创造了小小的快乐。

你学会了在微信上破冰后，我们再来升级。怎样让对方自然地接话？你要抛一个钩子出去，牵引出他的谈资。比如，在刚刚那些破冰的话后面，你可以再加上一个钩子。加了后面那个钩子，对方自然就和你互动了。

看到你国庆假期去意大利了，玩得很开心吧！我也在规划去意大利，请教一下，哪个地方绝对不能错过？

恭喜你，课程在得到上线了。你觉得做线上课程和线下课程有什么不一样吗？

换新头像啦！这个头像不太像天秤座呢。

刚刚在一家湖南菜馆吃饭，里面的臭豆腐味道极佳，肯定是你的菜。要不约起？

向你这个斯皮尔伯格的头号粉丝报告一下，我下午会去看电影《头号玩家》，据说里面有彩蛋。你最近有看什么值得推荐的电影吗？

我还记得上大学那会儿，你就是我们宿舍的活闹钟啊，每天第一个准点起床。现在还是一只早起的鸟不？

我很怀念那个时候，一到周末，我们就去商业街顶头第一家撸串。你知道那家店还在吗？

微信聊天时，你要注意，不要用以下词语开场："在吗""有空吗""忙吗""睡了吗"……我看到这样的信息时通常是心头一紧，我会想：你要干什么？这种问对方当下状态又不说明具体事情的发问方式，制造了一个让对方很紧张的场域，他往往不知道如何回应。你既然使用的是微信留言功能，至少就不要期待对方马上回应。如果你希望对方在实时在线时才能聊这件事情，那么，留言和他约个时间沟通更合适。

长短句的艺术

我给你一个原则：事情的逻辑越复杂，我们越要简洁地表达；事情的逻辑越简单，我们越要用长句子来缓和语气，表现修养。

首先，事情的逻辑越复杂，我们越要简洁、清晰、干脆地表达，不能让人越听越绕。怎样做到这一点？

方法就是，凡是能用一行字讲清楚的，就不要用两行字；凡是能列清单的，就按顺序列出来；凡是能分段的，就按照语意一条条地表达。就像写文章时分段一样，你的思考以段落为单位，在短信聊天中，你的思考如果也是以每条短信为单位，对方就会觉得你很有条理，也方便对方有针对性地给你回复。

同时，我还要提醒你不要走入另一个极端，有的人一句话发一条短信，这样做也不对，会显得很没有结构化思维能力。

如果事情的逻辑并不复杂，那么，这时在语言的处理上就要反过来做，用长句子来表达。因为短句子往往显得简单粗暴，而修养体现在说长句子中。

我再说一遍，“修养体现在说长句子中”，是不是这样？你仔细想想，在社交场合，如果主人问你：“要来杯茶吗？”有人就答一个字：“好。”也有人会回答：“好，谢谢！”但越有修养的人会说得越长，比如“太好啦，我正需要一杯，非常感谢您”。

又比如，你带女友去餐馆，点餐的时候，你会对服务员说“这位女士需要一份美式阿拉斯加香煎蒜蓉鳕鱼排”，还是“她吃鱼”？

莎士比亚说，“世界是一个大舞台”，我非常赞同。你的语言表达方式背后，体现的是你想扮演的那个角色。

在微信聊天中，多一个字和少一个字的效果是不一样的。比如：

好 = 我同意了

好哒 / 好嘞 / 好的 = 我高兴地同意了

嗯 = 我知道了

嗯嗯 = 我高兴地知道了

你看，就差一个字，文字语言表达出来的情绪就不同。

另外，为了让聊天进行得有趣，你可以描述正在进行的画面，让对方有现场感。

比如，对方告诉你他正在海滩上晒太阳，你可以说："羡慕呀，我还要在厨房奋斗两小时。我家老大和老二正在抢黄瓜做武器，哼哼哈哈打作一团。"

而且，不要用太笼统的词，比如"好""棒""颜值高"等，因为在你有足够的时间选词的情况下，微信聊天要求你用更细化的同义词。挑出一个特别的词夸对方，对方一定会记住，因为这个词只有你会用，如"中国版巴菲特""楚楚动人"等。

以上就是微信聊天进行中需要遵循的一个原则：事情的逻辑越复杂，我们越要简洁地表达；事情的逻辑越简单，我们越要用长句子来缓和语气，体现修养。

结束交谈

在微信交谈中，有这样一个规则，谁发起的，谁就来结束。如果是对方发起的聊天，而你没聊几句就要结束了，这很容易让对方觉得你敷衍他。

如果这次聊天是你发起的，那么你可以根据他每次回应是否够快，是否在延展话题，来判断他是否投入这段交谈，以决定你结束聊天的时机。你的结束语可以是“时间不早了，你该休息了，改日骚扰”。注意，是“时间不早了，你该休息了”，而不是“时间不早了，我该休息了”；或者，你的结束语还可以是“每次和你交流都有收获，我们保持沟通”。

最后，我再补充几个使用微信交谈时需要注意的点。

第一点，当对方看到你此刻发的朋友圈时，他一定知道你在线上，这时，你对他发过来的信息要第一时间回复。

第二点，请养成在微信上询问是否方便打电话，并预约打电话时间的习惯。为什么？你有对方的微信却不用，而是突然给他打个电话，这也是一种冒犯。

第三点，当对方在微信上告诉你一件重要的事情，比如，奶奶去世了，或者和丈夫闹离婚等，你要确保自己付出时间，和她深入交谈。或者，你可以打个电话过去，在情感上给予充分的支持。这个时候，千万不要有一句没一句地回复。

第四点，对方没有秒回时，请学会等待，这是考验你修养的时刻。越忙越重要的人，越做不到秒回。如果对方当天没回，可能真忙晕了，你第二天可以提醒一下。不要当天重复地发送同一个问题。

第五点，如果要给人发语音，不要超过 30 秒，注意，不是 60 秒，而是不要超过 30 秒，这一点很重要。大家的时间都很宝贵，没有人喜欢听语音。一条写出来的信息，我可能几秒就能读完了，如果你发语音，我还得拿起手机，贴着耳朵，花上几十秒来听，实在不爽。所以，用微信发信息时，我提倡尽量不发语音。什么时候才可以发语音？当你觉得文字表达不出情感，比如隆重感谢、热诚祝贺、万分歉意，或者文字难以解释清楚复杂的来龙去脉时，你可以用语音表达。

创造下次交谈的机会 9'

“

沟通的意义就在于你得到的回应。

——索姆·哈特曼　美国广播电台主持人

”

制造再联系的理由

在与人告别时，就是检验上面这句话的时刻。

人们想要和你继续保持联系，不过两个原因：他喜欢你；你有价值。所以，你在和他告别以前，需要制造出以下两个理由：我们建立长期联系的理由；我们下次见面的理由。

交谈快要结束时，你记得提醒自己：“把这两个理由编进一句话中，并用这句话来结束。”之所以只用一句话，是为了不显得过于殷勤。而这句话如果说得好，可能会为你创造关键的命运时刻。

这句话该怎样说呢？我建议用下面三种方式。

第一种方式，播种。

你结束谈话的模式千万不要是“请问您有名片吗”，或者“可以加您微信吗”，接着就拜拜了。所谓播种，就是为再次联络留下线索，或再次联络时让他记住你。

你可以根据你们聊天的内容，在快结束时提醒自己——只说一点，为什么对方要和我保持联系，并用这句话来结束。比如，你可以说：“迪拜是个学习金融的好地方。你儿子从那儿毕业后，如果想待在金融行业，我很乐意帮忙关注这方面的机会，我的好几个客户就是金融行业的。”

又比如，当他提起本行业的另一个峰会，你可以说：“那个峰会我每年都参加，期待在那里再次见到您。”

如果他提起儿子很爱收集赛车，你可以邀请他们父子俩去看上海 F1 方程式赛车比赛。

第二种方式，提出一个挑战。

提出一个在对方专业领域很有意义的挑战，将它变为你们共同的挑战，然后吸引对方和你一起解决问题。成功者喜欢有意义的挑战，以展示自己过人的才能。这样，你不仅给对方留下了印象，而且引起了他的兴趣，为下一次见面做了铺垫。

如果他从事房地产行业，而你是做互联网的，那么你可以在交谈快结束时这样聊：“在限购政策下，租赁市场出现了机会，现在的在线短租市场还没有形成规模，说不定咱们以后有合作的机会。”

第三种方式，聊一聊未来的发展。

你们在交谈时，可以将目光聚焦未来，聊一聊长远发展。来日方长，这样可以让对方觉得你是一个有长期交往价值的人。

比如，我经常这样结束交谈："我知道贵公司早已将发展方向对准海外。我是研究跨文化的，在如何向海外扩展业务方面，我们一定有很多可以交流的东西。"

如果对方提起自己在研究幼儿语言发育，那么你可以说："幼儿语言发育真的很重要，我有个朋友在做早教机构，也许可以帮你们收集一些实验数据。"

我在美国的时候，非常仰慕一位作家，于是跑去听他的讲座。讲座结束后，我有幸和他交谈，我提及了几个和他有相似风格的中国籍畅销书作家，并告诉他我在中国也出了两本书，建议他可以考虑将其著作引进到中国出版。我们虽然只聊了两分钟，但就在这短短两分钟里，我展示了自己对他的了解，知道什么对他很重要（作品的全球认可度，与同行的交流），我展示了自己可能给他增加的价值。当晚，他主动给我发了邮件。

如何互留联系方式?

聊天结束时，双方仿佛仍处于喜剧的最高潮，你展示了自己的所有风采，并让对方回味无穷。在互留联系方式的时候，你要注意以下几点：

第一，离开前记得主动买单，花点儿小钱，但你却得到了宝贵的经验，这样的投资很值得。同时，对方为了回馈你的善意，心里会惦记着怎样回请你，一来二去，你们的关系就亲近了。

第二，当递给对方名片时，你可以说："稍等，我给你我的私人手机号码。”

当接过对方的名片时，你可以主动问他：“什么方式联系您最好？”或者问：“您的助理怎么称呼？”然后在他的名片上做记录。当然这要事前争得他的同意。

有时候，我如果没有时间在名片上做记录，就会开启手机录音功能，花几秒钟迅速口录我刚刚结识的朋友的特点，等回家后再做整理。

第三，在你们告别以后，你还要做两件重要的事情：制作联系人信息卡片；24 小时内再次和他联系。

首先，制作联系人信息卡片。稳固人脉关系不是靠记忆力，而是靠战略式的管理和经营。

美国前总统克林顿在人脉管理上给我们做了很好的示范。他曾在答《纽约时报》记者问的时候说道：“我每天晚上睡觉前，会在一张卡片上记下当天联系过的朋友、时间、会晤地点，以及谈到的某些细节，然后输入秘书为我建立的关系网数据库里。”

你的这张人脉卡片，应该记录了对方的爱好、职业、家庭成员信息、重要日期、你们第一次见面、他的目标，以及你们相处时他透露的细节——他可能谈到某个新网站，或者一个好用的应用程序 App，或者他的孩子刚升上重点高中。卡片上还可以持续记录你日后追踪他时你发现的某些细节。比如，他朋友圈记录的他上一次的担忧，他最近的计划，他最近一次开心的体验……卡片上哪怕只记下几个关键词，这样的信息都会对你的帮助很大，能提高日后你们联系的质量。

如果他上次和你见面提到牙疼，你可以在点甜点的时候顺便问候一下他的牙。如果你的卡片上有足够多的背景信息，那么你一见面自然会说："你们的年会开得怎样？""你们家刚出世的那三条小狗都还很好吧？""你上次去的那家寿司店我上次也去了，名不虚传。"

每当你提到他生活中刚刚发生的事情，不论大事小事，你实际上都在向对方发送信号"你是我生活中的主角"。这些行为显示，他就是你的明星。会交朋友的人，都会利用追踪的技巧，就像粉丝追踪自己的偶像一样。

其次，24 小时之内和他再次联系。

对真正想结交的人，你要在 24 小时内和他再次联系，也就是说，当你们的微交谈还有余温的时候，要保持这种余温。你可以通过邮件、微信、领英邀请等途径。

当你再次和对方联系时，内容可以包括这几个方面：感谢他和你交谈，邀请他和你保持联系，提供一些对他有价值的信息——某条链接，某位他可以联系的人。他的联系方式如果有缺失，那么你可以抓住此次机会询问对方完整的联系方式。

如果你们聊到了松露，那么你可以发信息说："我查了一下，您说的没错，松露真的有大蒜的味道，下次我如果有幸品尝到，再和您详细汇报。"

今天和您聊得真开心，这是我提到的《哈佛商业评论》上的那篇文章，里面有你们公司的案例。

很荣幸今天认识您。您对国际贸易领域出现的很多新机会的见解，让我很受启发。预祝您成功！我们后会有期。

我对您20年前只身去深圳闯荡的故事记忆深刻，您真是年轻人的榜样。下次您来北京，请一定给我电话。

有了以上这三个方法，你和他的再次联系就在情理之中，也是意料之中的事情了。

10′

掌握脱身术，降低时间成本

“

你在交谈还充满能量和动量的时候结束交谈最好，
而不要等到整个对话因为缺乏较好的话题或双方
都感到无趣或无话可说的程度，才尴尬地结束。
——基思·罗拉格　《如何用最短时间实现最高效社交》作者

”

说到社交，很多人会考虑时间成本。美国作家罗伯特·帕特南的作品《独自打保龄》，这本书罗列了无可辩驳的数据，证明了人们其实没有自己声称的那么忙，实际上，人们闲暇的时间是自己以为的两倍。我们是怎样消磨这些闲暇时间的呢？现代社会有一个几乎不可逆转的趋势，那就是闲暇时间的个人化。比如，独自看网剧，独自刷微信；而这种被动的休闲方式，反而让个人的幸福体验下降了。

如果意识到了这一点，你就会更愿意抽出时间来做主动社交。但与此同时，我们也发现，你一旦投入社交，不是随时可以抽身离去的。这其实也是我为什么对宴请宾客很谨慎。客人来了，我们要热情好客，让他感到宾至如归，可他感觉是舒适了，我们却很疲惫了，心里巴不得他早些离去。

那么，怎样在社交中最高效地利用时间？在这一节，我集中告诉你，在商务酒会上你该怎样金蝉脱壳，以达到在“最短的时间里，认识最多人”的效果。

该撤就撤

在对话中，总会有个时候你觉得聊得差不多了，或者你看到远处还有一位你想认识的人，这说明优雅退场的时候到了。这时总有些尴尬，把对方就这么中途撂下，太不够朋友了，尤其是当这个对话小组只有你们两人的时候。

其实，与其你费力撑着，让对方心凉地感觉到你已经身在曹营心在汉，不如主动退出，你需要的只是一些巧妙的措辞，这些措辞能让对方感觉到你对他的时间的尊重。更何况，商务场合的社交游戏的规则就是短时间内形成一个聊天组，再迅速散开，去组成一个新的聊天组，让来宾在最短的时间里认识最多的人。你想退出，根本不用尴尬，没准儿对方正等着你退出呢。

还有些情况，是你真的不想和对方聊了，你也需要紧急退出。有一次，对方知道我是做企业培训的，直接当着几个人的面问我：“你年收入大概有多少？”我一惊，只好说：“过得去吧。送给各位每人一部 iphone，咬咬牙还是拿得出来的。可送不了跑车哦。”

说完，我立刻拔腿撤了，否则他没准儿真会要我招供出具体数字。

优雅脱身

怎样金蝉脱壳？我给你提供五条思路：

思路一，用最诚实的方法。

你可以坦然地说：“很高兴认识您，和您聊天真愉快，尤其感谢您介绍的内地保险和香港保险的差别。非常期待我们还有机会见面。”

用这个方法的时候要注意两点：第一，在说话前，你已经配合了适当的身体语言，暗示谈话即将告一段落；第二，记得要回顾一下你们谈过的内容，给这次对话画上圆满的句号。

思路二，我要撤了，是我的错，不是你的错；而且，我是个潜力股，我愿意持续为你增加价值。

告诉对方你必须做什么，也就是说，不是对方的原因，而是你本来就有的计划让你不得不退出。比如：

> 我来之前下定决心，今天要认识三位前辈，您是第一位。让我们保持联系，我相信在线上知识分享这一块儿，我以后能帮上您。
>
> 我想看看今天还会不会遇到其他同行？我们加个微信吧，很乐意今后能在任何方面帮到您。

哟，我必须在主席离开之前和他打个招呼。我会把刚刚提到的那篇文章链接发给你。

思路三，两杯酒法。

美国演员乔治·普林普顿曾透露过他惯用的两杯酒法。他每次聚会都是手端两杯酒。当想退出某对话时，他会托词说需要把这杯酒送过去给他的朋友。

思路四，假装紧急。

举几个例子：

你看一眼电话，突然显露焦急状："现在几点？噢，我需要给孩子的老师打个电话。"

你做出内急的样子："不好意思，需要去一下洗手间。是那个方向吗？"

你一边伸长脖子，一边张望厨房："有点儿饿呀。我过去拿些食物。你们需要什么？"

思路五，将他托付给别人。

这是我最喜欢的方法。带着他朝你的朋友走过去，把他介绍给你的朋友。

你要牢记他的名字。在介绍的时候，你要把他的亮点稍加夸张，用些溢美之词。

要介绍，就一定要好好介绍。我有时很怕被别人介绍，因为我发现，真正能抓住我亮点的、能站在一定高度上来介绍我的人很少。有的人不是避重就轻，就是鬼扯。我记得最尴尬的一次，有人把我介绍给他的同事，说："这位是愫，她是阿莱萨教授的……"他停顿了一下，似乎在想如何措辞，然后说"她是阿莱萨教授的随从"。唉，他不但没有抓住我最渴望被人关注的部分，还生生地把我变成了一个跟班儿的。

在将他托付出去的时候，你可以利用以下三种方法：

第一，放大正面情感。

在社交场合这种特殊场景里，你永远需要做到放大正面情感。美国人的沟通习惯很适合社交场合，英语这门语言也具备这个特质，我们可以借鉴一下。当年我还在实习的时候，我是公司的总裁助理。那位美国总裁经常把我介绍为："这是愫，如果你要找我，你先得让她喜欢你。她棒极了，没有她的魔法，我的日子就是一团糟。所以，对她好点儿哦。"你看，总裁很好地放大了我的优点，并且表达了感情，这就是一次成功的介绍。再比如：

> 这是某某，人工智能界的"90后"新秀。
>
> 这是某某，线上英语教育的大红人。
>
> 这是某某，在与自闭症儿童沟通上可有两下子。
>
> 这是某某，慈善医疗领域出名的热心肠。

第二，抓住他在某两个领域的特色，将跨界部分夸大。

假如他是一位跨界高手，那么你在介绍时可以突出他的跨界特色。举几个例子：

> 来，让我向您隆重介绍一下IT界弹钢琴最棒的，或者，钢琴界里最会编程的某某女士。
>
> 我很荣幸地向您介绍首席执行官中最懂家庭教育的，或者，育儿界中职业身份最高的某某先生。

第三，介绍他们需要认识的理由。

如果他与你将要介绍的朋友有某种共同点，那么你可以放大这种共同点。举几个例子：

> 这是某某，人工智能界的“90后”新秀。同为“90后”，你们肯定有不少共同语言。
>
> 这是某某，线上英语教育的大红人。您也是英语专业的吧，同行！
>
> 这是某某，在与自闭症儿童沟通上可有两下子。您正在研究社交，对吧？你们可以好好交流一下。
>
> 这是某某，慈善医疗领域出名的热心肠。我记得您是小区业委会成员，说不定有机会合作。

有了这几个脱身术，你可以毫无后顾之忧地走向陌生人，自信地交谈，结识越来越多值得结交的朋友。

11'

与重要人物攀谈：找准需求点

“

当提出要求时，你要向对方传达出他能从中受益的信息。

——戴尔·卡内基　美国著名人际关系学大师

”

和大人物交谈，往往是一种带有预谋性、目的性的主动结交。也就是说，仅仅依靠偶然遇到大人物可能行不通。按照你的行程、生活方式、活动地域，用自然的方式去结交你钦佩的、值得结交的人，可能要等上很长一段时间。因为偶然的时机和自然的境遇靠的是运气，而运气变幻莫测，实在难以捉摸。实际上，我们可以自己创造运气，主动接近他们，提高成功的概率。你需要打探到大人物会出现的场合，并让自己也出现在同一个地方。交谈的时间不重要，次数很重要。如果你和大人物见过三次面了，那么你对他而言已经不是一个陌生人了。

优质资源可能会在瞬间离你很近，你能敏感地抓住它吗？

除了找到彼此的优势话题，你还要把话题逐层深入，引向高潮。

我所接触的“大咖”，大多数是热情慷慨、积极阳光、诚挚亲切之人。也许因为他们有了地位和权力，道路比其他人更为平坦，于是发展了正面个性；也许因为他们有这些正面个性，所以才会如此成功。总之，资源多的人，不吝于和他人共享资源。

自信，需要提前做好功课

越是与大人物交谈，你越要提前做好功课。

第一，调整心态。在大人物面前，请一定自信。在强者面前不用谦虚，除非你比他更强。正如视金钱如粪土是富人的专利，不施脂粉、素颜示人是美女的专利一样，谨慎谦虚也是“大咖”的专利。

按照吸引力法则，哪怕你还没有成功，你都首先得具备成功人士的优秀品质，比如自信。拥有了这个品质，你再去结识成功人士就是一件轻松愉快的事情。

自信，确实和实力、地位有关，但是，也和一个人的眼界高度有关。当眼里装的是更大的世界时，鸡毛蒜皮的事儿根本不算事儿。如果眼里只有自己的小世界，那么你的世界里里外外都会布满敏感的神经。如果别人不够热情，或给你一个善意的提醒，自己的头就埋下去了，这其实是没有自信的表现。

别紧张。不管是多么了不起的大人物，他的首要身份都是人，是和你一样的人，然后才是外界贴在他身上的各种社会标签。我发现，越有身份的人，越有开放的视野和谦卑的心态。

你的潜意识就像被封存在地表之下的火山岩浆，它有可能爆发无穷的威力。用你的潜意识影响他人，有时比用语言更有效。

记住，你和他，不是交易，而是连接。

第二，找一个你和他都认识的人，也就是中间人。如果他是你们公司的首席执行官，这个中间人极有可能就是处于你们之间的那个管理者；如果他不是你们公司的，现在我们用的领英、微信、脸书、推特等社交媒体都能帮你找到你们共同认识的那个人。

中间人，就是你们俩都认识的人。你只要事前做一番认真的调查，在多数情况下就可以找到或明或暗、或近或远的中间人，别忘了六度人脉理论，最多通过六个人，你就能联系上地球上的每一个人。三国时代的鲁肃就是一个找中间人的能手。他和诸葛亮初次见面时，第一句话是："我是你哥哥诸葛瑾的好朋友。"

不要小看中间人，这个中间人虽然不在场，但他实实在在地发挥着三个作用：一是缩短了你和"大咖"的心理距离。"大咖"听到他的名字，不仅有回应你的义务，而且有回应中间人的义务，你会获得更多关注。你对他的溢美之词可以巧妙地放在中间人的转述中。如果你觉得当面恭维有点儿尴尬，中间人就是一个缓冲器，"我从 ×× 那里得知您，他对您的专业背景赞不绝口，我今天是慕名而来的"。

善于找牵线人，并通过牵线人的嘴大力夸赞对方。这种夸赞，来得更真实；而且你也可以借机初步告诉他，你能给他带来什么。

第三，对他本人做充分的背景调查。找出他的职业经历、待过的城市、他的爱好等，如果某些信息与你有共通之处，那就再好不过了；或者，找出他最近的活动、他的新闻、他的近况等。同样，你可以利用微博或其他社交媒体做调查。

当你知道他的兴趣爱好后，你可以给他提供他可能不知道的信息和资源，来激发他的好奇心。

第四，对他所处的行业做基本的了解，以防自己说外行话，并准备好自己的观点。

自信总是来自充足的准备。你如果计划吃一小时的饭，就要准备好一小时的交流内容；你如果计划吃两小时的饭，就要准备好两小时的交流内容。

那么，你见到他时，如何谈？你可以用敬慕式的话语开头：

> 今天能见到您这样的在投资界有名望的前辈，我感觉荣幸之至。
>
> 您的微信公众号我几乎每篇都看，受益匪浅，尤其喜欢您那几篇讨论拖延症的专题。没想到今天能见到您本人，太有缘分啦。
>
> 今天真是没白来，能遇见您这样的风云人物。

在交谈过程中，你可以做更安静的那个人。在高手面前你不用装懂，把道理听懂就好。你要充分展示对他的浓厚兴趣，这样，他才有可能觉得你有趣，才有可能对你感兴趣。

另外，在谈话的最开始，请记得先告诉他你大概占用他多长时间，然后询问他此时是否合适，而不是颠倒顺序。

观点大冲撞

和行业“大咖”交谈，不要简单地请教，因为请教他们的人太多了。我教你一个方法：先摆出事实，然后从中引出自己的观点，接着用这个观点引出对方的评述。总结为一个公式就是：事实 + 自己的观点 + 询问对方的评述。比如：

> 当你和电竞业的“大咖”聊天时，你先说一个事实：“我身边很多哥们儿都是电竞爱好者，希望看到更好的比赛，希望比赛能越来越精彩。国内人口基数大，资本集中度高。”
>
> 接着引出自己的观点：“所以，我觉得电竞业在中国刚刚进入春天。”
>
> 然后用这个观点引出对方的评述：“您觉得是这样吗？有的人说电竞行业的野蛮生长阶段已经过去了，您对这个行业的变化趋势怎么看？”

他是专家，这样的问题他肯定有话说；而且你的这种发问方式，让他的回答可详可略，可进可退。

再举一个例子。

你和 IDEO 公司的“大咖”聊天。你先说了在你们见面前调查到的事实：“现在大家都在学习 IDEO 公司的管理经验，听说贵公司并没有设置条条框框，对员工进行限制，一切准则都凝聚在一本《IDEO 手册》中，其中频繁出现的语句是‘帮助他人成功’。”

接着说一下你的看法："我非常认同。在实际操作中，我发现，人们也担心别人觉得自己多管闲事，把这种互助文化带到中国人的办公室，难度很高。"

然后，谦虚地引出对方的评述："不知道我这样想，是不是足够客观？"

要知道，你和大人物的差异，仅仅是权力或财富不对等，你们的观念想法不见得不对等。展示自己的独特见解，是和"大咖"打开社交之门的最佳角度。

在信息爆炸的时代，有观点、有立场、不和稀泥，很重要。

不过，你发表观点的时候，不宜赋予其过多情感。越是清晰的观点，越要用轻描淡写的形式传递，这更能体现你的开放、客观，也为对方表达不同的观点留出空间。

找准需求点

找到共同利益。当你和对方有实质性的共同利益时，你和对方建立的关系才会显得更真实、更有意义。

和行业"大咖"交谈时，你一样需要找到他的需求点，用你的价值去满足他的需求。

你可能会问，"大咖"、牛人、专家、富翁……他们还能有求于你这个小人物吗？

"大咖"是人不是神，再厉害的人也会有困境，也需要从周围的人那里获得勇气和灵感。再伟大的人，也有自己的难题。哪怕是亿万富翁，基本上也都有一个难题是怎样把钱花出去。所以，真正的问题是，你能否感知他的难处和面临的问题，并为他提供价值。

哪怕你真认为自己在“大咖”面前是零背景、零经验，也并不意味着你是零价值的。想方设法地为他增加价值，是靠近“大咖”的最佳姿势。你的价值可以是分享学术资源、人脉，可以是帮他做连接，表达你所属的那个人群的意见，你自己的独特观点，甚至你的时间、你对他的情感支持，等等。

我觉得所有大人物都有一个需求，而且是持续不断的需求，那就是让自己的影响力能最广、最深、最长时间地发挥作用。也就是说，他们的影响力能波及更多人、更深入大众内心，并能持续地产生影响。所以，那些筹款活动的组织者伸手找“大咖”们要钱，从来都不需要低三下四。创业者找投资人要钱，从来也不需要卑躬屈膝。

讲一个我自己的故事吧，它是我 14 年前刚到美国时发生的事情。之所以用这个例子，是因为那时候的我在美国社会中就是零背景、零经验，没有任何社会资本。如果你觉得自己现在起点低，那么当时的我，在那个陌生环境下的起点更低。

我到了美国后，迫在眉睫的任务是在校园里找一份助教工作——类似于助研。助研的校园工作，每周 20 小时，不仅可以免除学费，而且每个月还有生活费。不用说，这样的机会全校同学都在抢。

我跑遍了校园里所有办公室，投了简历，并获得了两个面试机会，可最终都没被录取。我愤愤地想，不就是一份简单的兼职文秘工作，我怎么会不胜任？来美国前，我是新东方的讲师，那个时候的新东方，还处于盛产传说中的高薪讲师的年代。现在，这么一个低端的低薪校园职位，为什么我赢不了？

我仔细分析后，很快发现，不是因为我英语不好，也不是我沟通能力不强，而是我在这个陌生的国家里没有任何人脉，我是圈外人！也就是说，我没有任何人际联络网来协助我完成日后的工作，来解决可能会遇到的难题！在同等条件下，人家当然会选择和这个社会有千丝万缕联系的当地同学。

怎么办？人一着急，总是会想出办法的。第二天就是学校的开放参观日（open house）迎新活动，我知道校长会出席。不管怎样，我都要和校长攀谈一下。

当天，校长出现了，满头银发，面容慈祥，我抓住一个机会，清了清嗓子，走上去介绍自己。我表达了能被马里兰大学录取的感激之情。接着，我告诉他，之所以在几家大学中选择了马里兰大学，是因为一直向往这里的多元文化，和这里对中国学生的友好。当我告诉他马里兰大学 (University of Maryland at College Park) 被我们中国学生昵称为“有很多中国人的大学”（University of Many Chinese People）后，他哈哈大笑。

然后我说：“像我这样的中国研究生，大多数来自普通家庭，我们有足够的冲劲儿，热切地想为马里兰大学的学术做出贡献。如果我们在刚到校园的时刻，这里的各种机会能够对我们更友好更开放一些，让我们排除障碍，用更有效率的方式投入学术研究，那么马里兰大学兼容并包的美名一定会传得更远。”

结果，校长先是有些吃惊，问我有什么苦恼。我一五一十地说了求职的事情。然后，他爽快地把我带到麦克·纳尔逊先生（学校电影制作办公室主任）面前，说道：“麦克，你那里有职位空缺吗？这是戴愫，你们俩可以聊聊。”

有了校长做背书，麦克后来欣然地招募了我，我顺利地进入麦克的电影制作办公室。

之后，我在美国的奋斗有了实质性的改变。电影制作办公室，是我能想到的对一个零社会资本的人的最佳入口。我和麦克那两年在一起采访过很多和马里兰大学有直接或间接关系的成功人士。

在我的这个故事中，我靠近“大咖”的方式就是，找到了他的需求点。他是校长，当然希望马里兰大学的名望越来越高，尤其在国际教育领域。另外，你发现了吗？我同时还用了两个小技巧：

第一，把我或我的目标放在更宏大的背景中，争取他的支持。我背后是中国学生群体，乃至所有留学生群体。校长如果忽略了我，就相当于忽略了国际学生这个群体。根据你个人的情况，你可以说，你手头的这件工作是为教育系统、为边缘儿童、为癌症患者、为职场新人做好事。你的努力和某个目标相连，并且这个目标在社会价值观上是可取的、令人注目的。这样做可以增加你被“大咖”关注的可能性。如果你的目标格局更大，那么你在社交时会感觉更干净、更体面。

第二个技巧，在“大咖”面前不做反馈，做“前馈”。什么意思？反馈是对过去做法的对错给出建议；而“前馈”强调的是，要做好哪些准备来应对下一阶段的使命和未来的挑战。做“前馈”，不会激起对方的防御心理。我当时说的是“让马里兰大学兼容并包的美名传得更远”，这是基于我对学校的爱和信任，希望学校更好。我当时说的不是“我觉得马里兰大学在兼容并包方面做得不够”。如果我真的这么说，那么校长一定会想：一个刚到美国的小丫头，竟然敢挑刺！

相信我，每个人都有需要别人帮忙解决的问题，包括大人物。富豪需要找到稳赚不赔的项目；科技天才需要找到足够的钱来创造某项技术奇迹；知识“大咖”需要了解商业运作的规则；商业大亨需要通过学术界的创造力和研究，为产品更新迭代提供资源；地方官员需要吸引投资，尤其是外资，来创造政绩。

从重要人物的需求点切入结交他们，是最有效的方式。

瞅准时机

最后，和大人物交谈，时机很重要。如果在商务酒会上，你就要赶在他发言之前过去交谈。那时，他还是一个“普通人”，只有少数有心人知道他的身份和重要性。一旦发言结束，他马上就有了明星光环，那时，你再凑上去恐怕就没机会了。

如果他看上去很忙，哪怕你提前准备的话题还没来得及用上，你也应该及时退出。让你提前做好准备，不是说一定要用上这些内容，而是让你更有掌控感。和大人物说话，说什么不重要；你的冷静，你的不卑不亢，你适中的语速、沉稳的语调，你的气质，这些更重要。你与其口吐莲花，与他比拼见识，不如展示“泰山崩于前而色不变”的气度。

全球最受认可的职业指导大师理查德·纳尔逊·博莱斯曾经这样定义人脉资源：“打开你的手机通讯录，看着上面的号码。如果你认识他，而且他可能需要你的帮助，那么他就是人脉资源；你认识他，需要他的帮助，但他并不会帮助你，那么他就是一个联系人而已，并不是人脉资源。”

我建议你多去主动接近几位“大咖”，多锻炼几次，这样你就“脱敏”了——“大咖”这个敏感源，不会让你脸红、心跳、起红疹了。和比你强的人交谈，有助于增加自信，丰富人生阅历，优化社交基因。

12′

与外国人交谈：对比时空

“

博物馆里的东西有一种强大的力量，跨越时间、空间和人，

建立不同文明之间的理解。

——尼尔·麦格雷戈　大英博物馆馆长

”

判断海外华人是否真正融入和享受当地生活，我有一个很简单的方法——观察这个人想不想，以及会不会做微交谈。

用微交谈代替沉默

人们选择去海外生活，只是为了实现富足生活这样的结果吗？如果是这样，为何那么多早就过上了中产阶层生活的华人，仍心有戚戚，想要落叶归根？一粒花籽飞到海外，不仅是为了开花，而且更希望在开花的过程中享受阳光雨露。一次愉悦的微交谈可能仅有几秒钟或几分钟；可是，就是那一个瞬间，一次简短的与陌生人的对话，让你有融入此情此景的亲切，让你有身处故

乡的自如。这些瞬间会丰富和装饰你的生命。

这些与陌生人碰撞的瞬间可以是：

- 冬季，公园的长沙发上，对方刚刚坐下，一边朝手心哈热气，一边整理背包。
- 和陌生人一起目睹了一起交通事故，彼此慰藉。
- 收银员低头等待打印收据。
- 早上出门遇见大厦管理员。
- 公交车上，与旁边的人不约而同地示意司机在下一站停车。
- 路上看见一位行人满脸困惑，似乎寻不到方向。

我观察到，警惕性高、性格内敛的华人在面对这些与陌生人碰撞的瞬间时，经常保持沉默。其实，对于惜时如金、勤奋自勉的华人来说，微交谈可以用来填补空白。它不是浪费了我们的时间，而是更有效地利用了时间。如果之前你习惯于用沉默填补空白，那么现在你可以尝试用微交谈来填补。因为微交谈可以帮助你获得自我存在感。对方在交谈中，展示出他如何看待你。于是你一次又一次地确认了自己在这个新世界中的定位，这就是身份感。对方在聆听你说话时，你也能感受到自己的价值。

在陌生国度里，每次和陌生人的微交谈，都能带给你一个新的社交连接。当与这个国家建立了无数社交连接之后，你对她的脉搏、呼吸、心跳愈加熟悉，慢慢地，在无意识中，你已与她融为一体了。

展露你的文化资本

你如果有机会在这些瞬间之外，和外国人做更长时间的交谈，怎样谈出水平呢？因为英语不是我们的母语，所以在谈资上，我们要更加精心地准备，用内容压倒形式。也就是说，交谈不仅是交换赞美，而且要让双方都有收获，都可以增长见识。

交谈，本质上是在盘点和展示自己的文化资本。文化资本这个概念，是法国人类学家和社会学家皮耶·布迪厄提出的。他把凝结在一个人身上的资本分为经济资本、社会资本、符号资本、文化资本。

在过去的熟人社会中，社交圈层比较固化，如果要打破阶层，你就需要赚足够多的钱（经济资本），拉各种关系（社会资本），还要获得荣誉（符号资本），而这些都很难达到。

今天的陌生人社会更开放宽容，充满了更多机会。这样，文化资本就跳出来了，发挥着前所未有的重要作用。既然其他三种资本都很难积累，那么我们可以通过学习来获得文化资本和锤炼谈资。高雅的谈资能帮助我们跨越阶层，与人建立联系。可喜的是，文化资本积累到一定程度，可以从中获得经济资本、社会资本、符号资本。所以，你一开口，别人就能知道你的背景。这就是文化资本与阶层认同的关系。

跨文化视角

我们应该怎样打造文化资本，以应对突如其来的微交谈？

我有一个好方法，即收集跨越时空的对比素材。所谓跨越时空，既指纵向的时间对比，也指横向的空间对比。这个方法尤其适用于和外国人聊天，会大幅度提升你们的聊天质量。有了这一招，英语是否流利不是最关键的，你的跨文化视角才是最重要的。所谓跨文化，不是只交流东西方的习俗禁忌，而是始终用对比的视角观察东西方。比如，你讲一个中国的人物，再对比一个国外的人物；你讲一个当代的事件，再对比一个历史上的事件；你还可以对比明星、城市、教育、潮流、时代。

见多识广的高晓松很擅长用这一招。我记得他在谈到美国前总统里根时，是这么聊的：

> 里根总统之后就没出现比他更伟大的美国总统了，这跟他所处的时代有很大关系，冷战时代最终被他结束了。20 世纪 80 年代是人类最后一波大师云集的时代，80 年代美国有里根，英国有撒切尔夫人，中国有邓小平，新加坡还有李光耀；而且他们的思想都影响了各自的国家，一直到现在。

有一次，在和外国人聊到中国人很看重人际关系这个话题时，我发现这是一个跨时空对比的好机会。

> 我说："公元前 5 世纪真是很神奇，三大文明发源地同时出现三个伟人。在中国，出现了……"我停顿了一下。
>
> "孔子。"旁边立刻有人接话。

我接着说："在古印度，他们有……"我又停顿了。

有人答道："释迦牟尼。"

这就像一个好玩的游戏，我又接着说："在古希腊，出现了……"

有人立刻回应道："苏格拉底。"

我接着说："他们三个人在那个时候就为人类思想做好了分工，后人只在追随，没有超越。苏格拉底研究人与自然世界的关系，释迦牟尼研究人与超验世界的关系，而孔子研究的是……"

"人与人之间的关系。"有几个人和我同时说道。

大家相视而笑。

以下的表格里有我用过的聊天素材，供你参考。

北京的旅游景点，参观的是现世人的居所	埃及的旅游景点，参观的是来世人的居所
僵尸	吸血鬼
筷子通夹所有食物	不同菜配不同尺寸的刀叉
君子人格	骑士人格
画家利用散点透视，观察者就在景中，步移景移	画家借用光学工具画出逼真效果，观察者站在窗内，看窗外的风景
伏羲兄妹躲在葫芦里，在洪水中幸存	挪亚方舟
"孝"这个美德，找不到对应的英语单词	Humor（幽默）这个美德，找不到对应的中文词语，只能音译

你如果有心积累素材，就可以继续把这个表格延伸下去。比如，面对年纪大的人，可以谈谈中医，并与西医对比；面对搞创意工作的人，可以谈谈东方美学，并对比西方美学。这个世界是模糊的，无穷尽的，能人通常都能够从模糊中理出一条线，并将这条线明朗化。

在和外国人聊天的时候，你还可以事先了解一下外国人都熟悉的《圣经》小故事。《圣经》里有很多故事，与东方故事的叙事章法极为相似。《圣经》里，有很多能拨动对方心弦的抚慰人心的语句，给他带来喜乐和巨大的力量。如果你能将《圣经》故事与东方寓言做对比，那么你的见识自然而然地就这样聊出来了。

你在做对比时，可以说相同之处，也可以说不同之处；你可以说自己的观察，也可以提出很有价值的问题。

这种跨时空对比的魅力，你在逛世界级博物馆的时候能体会得最深刻。同一个历史叙事时期的展馆中，如果同时有东方的文物和西方的文物，参观者会感到很震撼。他们似乎在寻求某种连接。《大英博物馆世界简史》中是这么说的："博物馆里的东西有一种强大的力量，跨越时间、空间和人，建立不同文明之间的理解。"

哪怕你英语说得不流利，而且还自带口音，但只要你能借助这种强大的力量，那么对面那个外国人便会对你刮目相看。

13'

与异性交谈：平衡真自我和假自我

“

有真自我的人，会尊重自己的感觉，不会太为难自己；有假自我的人，则会自动去寻找别人的感觉，并围着别人的感觉转。

——武志红

”

男人和女人，一个火星人，一个金星人，真是白天不懂夜的黑，你不懂我伤悲！

这两个不同的物种，怎样交谈呢？我读过一些关于“撩妹术”的文章，也在年轻的时候偷偷学过一些“撩汉”指南。你可能要问我，学了这些东西有没有效果。我只能说反正我的真爱不是勾搭来的。

我绝不是要否定男女互相勾搭的那些技巧。我只是觉得，运用太多“勾搭术”，容易呈现一个假自我。而与异性交谈，是一种真自我和假自我之间的平衡。所谓真自我，就是彻底听从自己的感觉；所谓假自我，就是彻底服从别人的感觉。

武志红老师曾指出，我们在彻底听从自己的感觉时，会体验到生命的不可思议。但生命中最大的一个矛盾是，我们必须要在关系中把这个不可思议活出来。

我提一个更有针对性的问题：我们需要听从自己的感觉，来过精彩的人生，而生命是由各种关系构成的，那么我们如何在男女关系中把这个精彩活出来？

曾有宅男和我说："我和女孩儿相处，就是放不开，这就是真实的自我。我改不了，也没想改。她要是不喜欢我这样的，我装也没用。"

这是一种关注真自我的写照，他说得很诚恳。关注真自我没错，但不能只关注真自我。因为只关注真自我的人，舒适区非常小。甚至有极端的例子是，某些内向理工男，不管面对何种类型的女孩，舒适区都为零——手脚没处放，眼睛不知道看哪儿，不会找话题，不会展示自己的魅力。

有一句话说得好：我和不同的人交往时，表现是不一样的。不是因为我虚伪，而是因为我和不同人交往的时候，有不同的舒适区。

何为舒适区？我认为，舒适区不是单纯的真自我区，否则你会没有朋友；舒适区也不是单纯的假自我区——天天戴面具，很不舒服；舒适区，是我内心自己喜欢的那个真自我和你喜欢的那个假自我之间的交集。也就是说，交集中的这个行为，不违背我的价值底线，同时，让你也开心。

我们生命的成长，就是这个交集的不断扩大。

经常与异性聊天，能帮助我们成长，帮助我们不断地扩展舒适区，在真自我和假自我的平衡上不断精进。

讨喜偏误

和异性微交谈，你怎样搭话才不让人讨厌呢？我们可以利用讨喜偏误理论。

举个例子，有段时间，我发现自己就受讨喜偏误的影响。我总是去离我更远的那家星巴克买咖啡。为什么？因为那里有一个很帅气的店员，他主动和我打招呼，并且知道我最常点的咖啡是什么，他特别讨喜。

讨喜偏误其实是一个思维上的错误。在和陌生的异性微交谈的时候，我们可以利用这个理论，引导对方去犯这个思维错误，让他高兴地做出一些率性的行为，也就是说，我们要让自己变得讨喜。

怎样让自己讨喜呢？有三个因素：第一个因素，外表有吸引力；第二个因素，在出身、个性、价值观、兴趣上与对方相似；第三个因素，让对方觉得被喜欢。这三个因素被称作讨喜因素。从名称上看，讨喜是假我，为了让对方喜欢上自己而故意做的种种表现。其实，你可以把这些表现变成“健康的假自我”。用英国心理咨询师雅基·马森的话来说，人人都需要一个健康的假自我。健康的假自我“让我们能够在大众面前表现得礼貌而文雅。只有当我们与内心的真自我失去联系时，我们才会有麻烦（或变得不健康）”。

所以，你要做的是，让这三个要素能和内心的真自我建立联系，让它们不违背你的基本价值观。其实，这不难做到。我们一个一个要素来看。

首先，让自己的外表有吸引力，这是讨喜偏误的第一个要素。如果你的内心价值观有一条是为世界创造美，那么这个要素就和你内心的真自我建立好了联系。

外表具有吸引力，不仅仅指容貌装扮。如果你是一位男性，你的举止体现出来的绅士风度同样重要——不要等着她请你帮忙，有眼力一点儿，主动帮个忙。如果她的东西掉在地上了，帮她捡起来；她放行李时，你主动帮她放上去；她够不着某个东西，你帮她拿；她需要服务时，你去召唤。在飞机上，我身边如果有这样一位主动帮女士搬运行李的绅士，我总会偷偷地多看他几眼，绅士们总是能在这个纷繁复杂的世界里给我们带来积极正向的力量。

如果你是一位女性，你的美不仅仅体现在容貌上，还有你的言谈举止。因为美是在动态中呈现的。如果你的举止优雅稳重，那么你会显得更加漂亮。

其次，在出身、个性、价值观、兴趣上与对方相似，即讨喜偏误的第二个要素。如果你的价值观中有一条是寻找伴侣，就是让灵魂找到同类，人生才得以圆满，那么这个要素就和你内心的真自我建立好了联系。

这就需要你利用我前面介绍的如何开场，如何提问，如何用“说，问，说”三部曲推进聊天的技巧，并在微交谈的过程中去挖掘了。例如，假设你想和飞机上坐你旁边的人搭讪。

“大周末的也出差吗？”你用从此情此景上找话题的方法来破冰。

她说：“是啊，年底了，业务特别忙。”

“我们会计师事务所也是，一到11月、12月就加班。你是从事哪个行业的？”你用“说，问，说”三部曲推进聊天。

“做业务的。”她回答得很简单。

这时，你可以尝试从其他方向来找话题。“如果不出差，你周末一般做什么？”

她回答：“我一般在家休息。”

你可以说：“嗯，我最近在追一个美国电视剧《使女的故事》，第二季比第一季更精彩。能不能推荐一些好剧？”

她的话匣子终于打开了：“英国电视剧也很好看，剧集不长，都拍得很有味道。我最近在看一个超级治愈系列的英国电视剧《德雷尔一家》，讲的是……”

原来她喜欢看英国电视剧，你可以说：“我下载了很多英国电视剧，到时候给你发个链接吧，你下载到电脑上，出差途中哪怕飞机晚点也不会太郁闷了。”

一旦你挖掘到了对方的某个兴趣点，请记住，像上述例子一样马上“播种”。所谓播种，就是为再次联络留下线索，或再次联络时让她记住你。比如：

当她说起自己喜欢听周华健的歌曲时，你可以说：“我也很喜欢他，我有媒体的朋友，可以搞到友情入场券。”

如果发现你们俩都喜欢动漫游戏，你就可以说：“深圳每年在欢乐海岸都有动漫展，咱们加个微信吧，我可以搞到票。”

你如果发现她是四川人，就可以说：“咱们市中心有一家餐馆，叫辣娇，娇娇女的娇。我超级喜欢它，但不知道是不是最正宗的川菜，要不哪天邀你去亲自鉴定一下？”

这样，你以后在她脑海里的形象就会很鲜明：嗯，他有票；或者，嗯，他知道哪儿有好吃的川菜。

如果你问我：戴老师，友情入场券去哪里搞？我想对你说，如果对方真的让你动心，你就买两张票吧。

你一旦和她建立了交集，就不愁没有机会继续深入了解彼此了。我的朋友就是在一次搭话中发现对方和自己在同一个科技园工作，于是相约上下班，一起搭顺风车，一来二往，最终喜结良缘的。所以，播种的重要形式就是邀约。如果她面前放的是咖啡，你可以给她推荐一个新开的咖啡店，约她品尝新口味的咖啡；如果她聊到看过的某本书，你可以约她去本城新开的书店，或去图书馆逛逛；如果她聊到喜欢运动，你就约她一起周末去爬山。

你如果害怕一对一的邀约对方会拒绝，就用多对一的方式，让她不会感到压力。比如：

我也喜欢打羽毛球，我参加了一个羽毛球俱乐部，就在市体育馆，我们队伍里正缺女队员。周末一起去吧，都是年轻人，肯定有共同语言。

你知道吗？我去的那个 toastmaster（会议主持人，一个非营利组织）就有很多从事文秘行业的白领。周三下班后我们一起去看看吧，你可以认识一些同道中人。

讨喜偏误的第三个要素，让她觉得被喜欢。如果你的内心价值观有一条是给他人带去爱和温暖，那么这个要素就和你内心的真自我建立好了联系。

没有人会真正讨厌一位对她表达满腔爱慕的正常异性。在这里，我前面所讲的“冷读者 + 热捧者”的技巧一定要用到。另外，在微交谈中，你要把握机会，尽快地逐层剥洋葱皮，跳过套话、事实，进入观点、感受层面。

比如，当对方告诉你，她是幼教老师这个事实后，你除了说出自己的观点“要做幼教老师，需要很有耐心”，更要会说感受层面的话，“我一直都很欣赏有耐心的人”。

如果她说，我已经有男朋友了。你由衷地说：“我也猜到了，要是没有才怪呢！”然后你可以做苦恼状，开个玩笑：“唉，我既希望自己以后有追你的机会，又希望你以后一定不要给我这个机会。”最后，你貌似战胜了纠结，总结一句：“有备无患吧。”

如果她说：“我一般不给陌生人留电话。”你可以说：“我们这不已经不是陌生人了嘛。”

临告别时，你感慨地说：“真奇怪，我平时话很少，今天话匣子突然打开了。如果有冒犯之处，还请原谅。看来，是我以前没有遇上对的人啊。”

最后，补充一点，时机很重要。浪漫总是不期而遇的，你不要自我设限。所谓“自我设限”就是，“我来这里就是排队的，交什么朋友”，或者，“看她的样子，估计不会喜欢我这种类型吧”。只要对方是单身，也在寻找自己的有缘人，那么为什么要自我放弃这个与她结识的机会呢？做一个缘分的友善者吧。舒适区宽广的人很少自我设限，一场浪漫由微交谈开启。

与异性的微交谈也要注意周遭环境。周围环境人流量太大、太吵闹，比如拥挤的地铁、排队的人群里，不太适合搭讪，因为你们的谈话是完全暴露在旁边人的注意范围内的，不利于创造私密氛围。如果你们在飞机上挨着坐，那么请在发餐吃饭的时候和她聊，或者她起身上洗手间的时候，或者她招呼空姐的时候。总之，当对方静静坐着，并沉浸在自己的事情中时，尽量不要打扰她。当她从静变为动的状态时，就是你出击的时刻了。不用紧张，有一半的概率是，和你对话的那个人可能和你一样内向、害羞。

如果你在熙熙攘攘的大街上和她擦肩而过，或者在等地铁的时候她吸引了你，你实在不想错过，那怎么办？

我们可以仿照《高情商，不尬聊》一书中所给出的方法。

你站到她身边，挥挥手，引起她的注意："嗨，不和你打个招呼我肯定会后悔的，就一分钟时间。刚刚看到你，你给我的感觉非常特别，我真的很想认识你。"用这句话争取让她停下脚步，然后你可以继续从容地做个自我介绍。在这句话中，有三个关键点你要说出来：一是，不得不打招呼的原因，"我会后悔"；二是，耽误她的时间，"就一分钟"；三是，"她很特别"。

你也可以向她求助，她自然会停下来，关注到你。比如，你可以问路："请问一下附近有便利店吗？"不管她知道不知道，你都可以继续诚实地说："其实我是想认识你，刚刚很紧张，不知道怎样搭话。"

在排队时，你可以问她某些信息："请问一下，你知道下一班地铁的终点站是新村，还是少年宫？"她回答之后，你继续说："非常冒昧，我远远地看到你很有气质，所以走过来，特别想认识你。"

与异性聊天，不需要外向的性格，不需要天花乱坠的勾搭术，只需要做好真自我和假自我的平衡。这个世界节奏很快，越能第一时间把自己最美好的一面展示给别人，你就越会受到青睐。

相亲不尬聊

我结婚前也相过亲，当时真是尴尬无比——带着明确的预期和异性见面，觉得聊什么都别扭。

相亲是一次短时间的评估见面会。双方到底聊什么，彼此评估什么，才是最有意义的呢？

有一个相亲 App 叫作 Zoosk，他们在 2017 年做过一个大数据调查，在 300 万份用户资料中，“诚实”位于挑选另一半的首要标准；紧随其后的是“幽默”“重视家庭”“亲切”。

仔细想想，何尝不是这样呢？最终能滋养一段婚姻的，不是男人的财富或女人的美貌，而是这些性格要素：

> 诚实——在这个不确定的年代，诚实，给人带来确定的安全感；
>
> 幽默——为一地鸡毛、日复一日的生活提供有趣的作料；
>
> 重视家庭——婚姻束缚了人本性，同时提供了相濡以沫的幸福，在他（她）的价值观排序中，如果家庭不位于前列，那么他（她）就不适合进入婚姻；
>
> 亲切——对周围人关切，并能准确地传递出这种关切，这样的人有能力经营一段美好的关系。

物质基础该如何排位？既然中间人把你们撮合在一起，这说明你们外在的物质条件是基本匹配的。

肯定有人此时会问；难道不看脸吗？当然看。相亲前就看过照片了，了解了彼此的外貌特征，不对眼缘的根本没机会坐在一起。

有意思的是，根据社会心理学家加思·弗莱彻的研究，人们择偶偏好有三大类：长相、性格、资源；当它们之间发生冲突时，大部分男女都选择了性格。

诚实、幽默、重视家庭、亲切，在这几个性格特质中，除了重视家庭这一项，其他的都可以在一段时间的交谈中显露出来，这就是微交谈的魅力。微交谈让你有机会瞬间闪耀。

接下来，我按照一次相亲见面的时间进度，帮你逐步做好相亲前的准备，同时复习我们之前学到的那些聊天方法。

相亲不是一次偶然邂逅，你在去之前要做好准备。虽然英语把相亲称为blind date（盲目约会），但你如果什么也没准备，就真的抓瞎了。你具体需要准备什么？全面调查关于约会地点、约会对象的一切信息；提前准备好三大类谈资。

第一类谈资：破冰故事。还记得那些打开话局的方法吗？

在门口，你俩初次相见，你可以从当下的状态开始聊，比如聊路上的见闻、当日的热点、你的心情等。

> “今天又是暴雨红色警报，贵人出门雨水多，下次再和你约会，我一定要记得带伞。”
>
> “选在宋慧乔、范冰冰同天分手的日子见面，只有真的相信爱情的人才敢这样做啊！”
>
> “你看着比照片上更文静、从容，不像我，有点儿紧张。”

坐下来后，你可以从你们的相同之处开始聊，比如，介绍你俩认识的中间人。

“王姨是个热心人，老早就向我提起过你，说你能干。王姨自己也很能干，我们家族里，有三个宝宝都是她带大的。你是怎么认识王姨的？”

点餐开吃后，你可以聊美食。

“这是深圳最火的湖南餐馆，招牌菜是一碗辣椒，被称作‘爱马仕’辣椒，据说能吃出水果的香味。我一直好奇是哪种水果的味道。”

“听说你刚从俄罗斯旅游回来，我专门挑了这家俄式餐馆，这里的红汤最受欢迎。你尝尝是不是俄罗斯正宗的味道？”

你要准备的第二类谈资是：优势话题。

要让这次相亲成功，你就得创造机会让你俩都能聊到自己的优势话题。这就需要预先思考了。你的专业是什么？他（她）的专业是什么？你的优势话题是什么？他（她）可能的优势话题是什么？你是怎么理解他（她）那个领域的？这都是你出发前要想清楚的问题。

比如，你在金融行业工作，对方是研究英美文学的。那么，只要聊到支付、投资等话题时，你都可以用俄罗斯套娃法，或原子核定位法，过渡到你的优势话题上来。比如：

你看到桌上的二维码点餐支付系统，可以说：“现在一线城市的大餐馆都这样扫码点餐了，你觉得这样好，还是由服务员点餐好？”

他（她）答道：“扫码很方便，但我还是更喜欢服务员过来亲自推荐。”

你说：“嗯，扫码点餐是智慧餐饮的一个过渡产品，现在可是我们金融投资界的热点。”（从扫码支付，聊到金融投资，用了原子核定位法）

他（她）说：“感觉你们金融界很高大上啊，你们在研究些什么？”（你是不是正在等着他或她问出这个问题？）

你说：“其实很简单，我们就是一群中介——跨时空配置资金的中介。跨时间，今天的钱存起来明天用，或者今天用明天的钱；跨空间，就是有钱人的钱借给缺钱的人去用。”（哈，你用平白有趣的语言，讲清楚了自己专业的本质，你创造了一个闪耀时刻。）

别只顾着自己闪耀，也给他（她）制造一个闪耀机会。

你要继续说：“你们研究文学，是不是也在把过去的理论，用于解决今天的问题上？”

他（她）回答：“我们表面上是在研究文学，其实是在研究人。”（他或她也聊到了得意之处。）

“难怪了，你刚刚说更喜欢由服务员点餐，而不是让机器帮忙。文学是怎样研究人的呢？”（你抓住了他或她的这个火花，并输送氧气，让它烧得更旺。）

他（她）开始滔滔不绝地讲述。

再举个例子。你喜欢瑜伽，你观察他（她）的微信头像是潜水照片，猜测他（她）的爱好是潜水。

> 你环顾四周，说："这个地方真好，清静，难得在闹市中能找到这样的地方。下次我和做瑜伽的伙伴们可以约在这里聚会。尤其这种矮矮的平凳，很适合莲花坐。"
>
> 你两腿往上一盘，演示了一个闭目冥想的莲花座："你平时累了的时候，也可以试试这个动作，双腿形成一个闭合的圆圈，生命能量在这个圆圈里循环，你更容易控制能量。"
>
> 然后，你可以问他（她）："你是不是喜欢潜水？我猜潜水也可以把人带入一个安静的状态。"
>
> "没错，下水那一瞬间，全世界都安静了，只听得见呼吸器有节奏地'嘶嘶嘶'。"他（她）回答道。
>
> 他（她）的话匣子由此打开了。

你看，优势话题就是让你俩聊出自己的见识，聊出这个世界的美好。这不正是相亲时该做的事吗？

我给你几个特别提示：

假如你是男性，一定要记得"诚心请教"和"回应式倾听"，并且将这两个方法贯穿于聊天的始终。

谷歌前数据科学家赛思·斯蒂芬斯－达维多维茨介绍过一项斯坦福大学和西北大学的研究，他们通过数百位异性速配约会者的录音记录，找出了其中的规律：女性比较喜欢听从她们意见的男性，也喜欢有同理心的男性。

我在第二篇中教给你的诚心请教和回应式倾听，就是对应的满足这两类需求的方法。

将权杖赋予他式的请教法：低姿态，诚心请教，以自我袒露开始。比如：

> “我耳压很敏感，在电梯里都会出现耳膜不适，像我这样的学潜水能行吗？”
>
> “我们这种‘金融男’，没什么文学造诣，能不能推荐几本描写‘金融男’的文学作品呢？”

回应倾听式的请教法：对方讲观点时，你用事实演绎；对方讲事实时，你为对方归纳观点。这其实就是替对方补充完整下半句。比如：

> 他（她）说：“在水下的世界，你不仅能看到从来没见过的鱼，各种形状、颜色的珊瑚，还能体会到失重的感觉，人轻飘飘的，十分自由畅快。”
>
> 你补充他（她）的下半句：“懂了，这就像到了另一个星球吧。”

只有高度共情的人，才具备替对方说完下半句的本领，这样，对方会产生一种奇妙的感觉。在相亲过程中，我们真正要交付出去的恰恰就是这种感觉，而不是某些特定信息。

能展示自己共情力的还有这些句子：

“我就知道你会那么说。”

“对啊，我正想说呢。”

“你这个词用得很准确，我刚刚在脑海里搜索的就是这个词。”

另外，在聊天过程中，他一定会提问。你回答问题的原则是诚实。因为他在抛出问题后，除了在等待你的回答，更在观察你的反应。哪怕被问出了自己的弱点，你也不用怕，仍然要诚实作答，同时借鉴“麦穗＋向日葵”法，也就是先抑后扬——诚恳地说出自己的弱点，再来一个巧妙的转折，点出这个弱点给你带来的不可替代的优势。比如：

他问：“你上段恋爱是什么时候结束的？”

哪怕你是个大龄青年，因为太宅或要求太高，还从未恋爱过，你也应该诚实作答：“我还没有正式恋爱过，在这方面缺乏经验。”这是麦穗，也就是欲扬先抑的部分。然后，你让向日葵登场：“之前的单身也很好，我培养了很多业余爱好，交了一群忠诚的闺蜜，他们都是我的坚实后盾。”

再举一个例子：

他说："好奇地问一下，你在公司里是什么职位？"

哪怕你是最基层的员工，做的工作无足轻重，你也应该诚实作答："我目前正在公司基层一线锻炼，收集客户资料，这工作挺轻松的。"这是麦穗，接下来你要利用向日葵好好地展示一下你的潜力："我正好有时间和精力来继续学习，我在考会计师，计划下半年把证书拿到手。"

相亲，不是看短线，而是看长线。实事求是地说明自己的现状，展示你诚实的本性；"麦穗＋向日葵"式地解读现状，证明你值得他（她）长线投资。

你要准备的第三类谈资是，为下次见面播种的故事。

如果在相亲快结束时，你对他（她）有好感，同时觉得他（她）对你也热情，那么这说明你们没有被对方筛掉，恭喜！你们值得继续前行，在接下来的一次又一次见面中继续试探和摸索。而现在你要在意犹未尽之时见好就收。"我觉得我们有好多东西可以聊。"这是一句最好的结束语。

怎样为下次见面播种？你要预先选好地方，但可以给他（她）留个悬念，用我们之前学过的"猜猜猜"。

"在我们市郊，有一个地方，被唐诗提到过两次。风景很美，最适合春天去，你猜它是哪儿？"

如果他（她）没猜出来，你可以故作神秘地说："下周四我再告诉你，你只需要把周六的时间留出来，其他一切安排交给我。”

让他（她）在小小的兴奋和大大的期待中度过接下来的一周吧。

正如夏多布里昂在电影《意大利之旅》中的一段台词：“每一个人身上都拖着一个世界，由他所见过、所爱过的一切组成的世界。”在相亲中，你尊重自己的感觉，同时去寻找他（她）的感觉，感觉对了，你们两个的世界就相交了，一切就都对了。

14'

当百岁人生遇到“80后”“90后”“00后”……

“

每一代人都由上一代人养育而成。因此每一代人都需要不断进步，

从而让他的下一代人也得到进步。这种进步是不断循环的。

——爱米尔·涂尔干　法国犹太裔社会学家、人类学家

”

代与代之间的聊天，是在传递智慧的接力棒；代与代之间的交流，是人类进步的根本。跨辈间的交流，能丰富你看事物的维度。

我很珍惜跨辈交流的机会。当我觉得未来虚无缥缈的时候，上一辈人会启发我如何看透人生。当我觉得自己已经看透人生的时候，年轻一代会把我拉回到认识生命的起点。

在这个百岁人生的时代，我们在社交场合有更多的机会遇到不同时代的佼佼者。中国改革开放以来翻天覆地的变化，几乎相当于穿越了西方社会100多年的历程，因而跨辈交流也会更加频繁。

《最好的告别》一书记录了一个很有趣的现象：过去，能够活到老的人并不多见。老人常常作为传统、知识和历史的维护者，

具有特殊的作用。年轻人遇到不懂的事情，会找老人请教。那是一个老人备受尊崇的时代。于是，人们故意将自己的年龄往大了说。可是，“在18世纪的美国和欧洲，谎话的方向发生了改变。今天，人们经常对人口普查员低报他们的年龄”。

随着现代信息技术的发展，崇老文化瓦解了。现在，年轻人遇到不懂的事情，搜谷歌、问“度娘”、查知乎会更便捷。当老人不再独有知识这个宝贵的财富时，老人的独特价值在哪里？我觉得主要体现在两个方面：

第一，老人更容易抓住瞬息万变的社会中不变的要素。

我经常告诫年轻人，不要犹豫，你应该抓住一切机会和老人聊天，尤其是那些充满智慧的老人。为什么？当今，竞争越来越激烈，职业分工越来越细化，你会发现，你需要掌握的知识在容量和复杂程度上已经超出了个体所能承载的极限。于是，现代年轻人被迫变得焦虑起来。而穿越风雨走过来的老人会让你明白，在复杂变化的世界里，总有一些东西是永恒不变的，他们善于从事实中洞察那些最根本的规律性的东西。和这些长者聊的就是那些永恒不变的东西。不要小看这些永恒的东西，唯有抓住它们，你才能应对如今瞬息万变的社会。

我曾和一位老前辈聊到这两年经济形势不好，影响到了培训咨询行业。他淡定地说：“2008年那会儿，比现在还糟糕呢。没有关系，实体经济要恢复过来，始终摆脱不了对人才的培养。果然，2008年之后的两年经济就恢复了。”长者更容易看到万变中的不变，从而将“镇定”传递给年轻人。

我还和另一位老前辈谈到了最近时间不够用，事情总做不完的问题。他笑着说："你从生命轴的上半段看下半段，你会觉得要追、追、追，永远追不够。等你到了我这个年龄，往回向生命的起点看时，你自然就会知道，追到的大多数东西并不重要。"听过这番话之后，我开始重新为自己的人生目标排序。

第二，老人能更好地、跨学科地分析大型数据库。

年轻人在体力、精力、野心方面胜过老人，而老人在经验上、在领悟生命的价值上、在了解人性上会远胜年轻人。正如美国演化生物学家贾德·梅森·戴蒙在TED（美国一家私有非营利性机构）演讲中所说的："当需要跨学科地思考大型数据库时，比如经济学和比较历史等，这样的任务最好留给年龄超过60岁的学者来做。在监督、管理、咨询、战略规划、教学及制订长期计划上，老人比年轻人更擅长。"

假如你是长者

假如你自己一下子变老了，那么你拥有的是"过去"，在交谈中，你可以给予年轻人的是基于过去产生的经验，以及经历了坎坷后所拥有的信心。

在和年轻人第一次见面时，你不要轻易地说这些话：

> 我像你这么大的时候，也很天真，总是以为…… 其实根本不是那么回事。

你对这个可能还没有经验，我告诉你，……

这里面的水太深，对于你这个年龄的人来讲，还是不要往里蹚。

你可以多对年轻人说：

真是羡慕你们的激情！

长江后浪推前浪，我很看好你们正在研究的这个新玩意儿。

好好利用你们的时间资本，大胆地多多尝试吧。

假如你是年轻人

假如你是年轻人，那么你拥有的是未来。在微交谈中，你可以给予长者的是他的人生故事在新时代里的重新解读，他的经历在未来的意义。

随着人的年龄的增长，“我是谁”这个命题更为复杂，却更为重要。在漫长的人生中，长者做过很多决定，它们可能是相互矛盾的决定；长者也经历过很多喜怒哀乐，而且每次经历都在改变和重新塑造着“我是谁”。《百岁人生》中提出：当人的寿命变长，是什么将一个人经历的变化连起来？是什么使“你”仍然是“你”？

是的，当一个人经历了不同的人生阶段后，起点变得越来越不重要；而充满变化的人生中，旁人积极的反馈，能映射出他的价值观，能帮助他确认自我身份，构建自己的理想人生。

以下这些话，年轻人不要对长者说：

这个最新技术估计您不知道，……

我们现在都不按照那种老套的方法做了，……

用上一辈的做法来应对现在的问题，显然是不现实的。

年轻人应该对长者说的是：

我发现您对这个行业趋势的感知，其实比年轻人更客观、更理性。

根据您这么多年的积累，请教一下，……

我初入职场，发现最有用的知识是书本和学校根本不会教的，请问……

跨辈交流可以聊出相互欣赏，可以传递生命的接力棒。

15′

面试交谈：从感情始，以感情终

“

简历之外，更能看出匹配度。

——帕蒂·麦考德　奈飞公司前人力资源总监

”

职场上，一位求职者是否会被录取，其实是雇主的一个感性的决定。

在求职的竞技场上，人力的办公桌上或者电脑里总是堆积或存储着如雪片一样多的简历。如果雇主只是单纯地做理性客观的判断，那么他们只需要对比所有简历中的信息，找到那个资质和经验最匹配岗位要求的人即可。在科技突飞猛进的今天，人工智能可以完美地完成这个动作。

可是，实际情况远非如此，通常雇主还要求进行一次面试。这就说明雇主需要感性判断，来决定最终的录取人选；并且人们发现，雇主瞬间决定的变数很大，常常不按常理出牌。有时他做的决定在旁人看来是冲动的、非理性的，甚至是疯狂而无法理解的。他可能并不在乎你的过去，并不在乎你的专业或资格证书，而是与你的一番谈话让他觉得想和你共事。

我们也可以做一个有趣的比喻，招聘就像找对象，这个决定是从感情开始，以感情结束的。中间可能会有理性的思考，而理性不过是提供辅助工具，感性才是真正影响决策的因素。

其实，面试不过是一场对话，你完全可以用协同互动的对话来打开他的感性阀门。全球知名职业导师理查德·尼尔森·鲍利斯在《你的降落伞是什么颜色》一书中建议：面试者遵循 50/50 原则以及 20 秒到 2 分钟原则。50/50 原则指的是，面试者用一半的时间听，用一半的时间说。20 秒到 2 分钟原则指的是，面试者在回答问题时，要把回答的时间控制在 2 分钟以内。我的理解是：一方面，你在回答问题时，不要用简单的“是”或“否”或一个关键词，而要多说几句；另一方面，你的回答不要超过 2 分钟——哪怕是再复杂的问题，你也要在 2 分钟内回答清楚。你如果做不到，就说明自己还没有想清楚。

面试交谈该怎么谈？我分三个阶段来教你——进门入座后，展开谈话中，出门离去前。

进门入座后

你在进门入座后，需要向面试官展示一个轻松自然的开场。你可以依照以下三个思路。

思路一，谈谈房间中摆放的物件或办公室环境。

你可以在入座后赞美窗外美丽的城景："哇，整个外滩的景色一览无余，很向往贵公司的高度和视野啊！"

你可以看着他办公桌上的薄荷牛奶糖，夸赞道："王主任，您真是一个注重细节的人，这款糖可是办公室最受欢迎的零食，超级提神，我第一次吃的时候，感觉凉得就像去了一趟南极。"

思路二，说说来此地途中的趣事。

你们楼下的桂花树好香，香中带甜，这正是十月上海的味道啊！

我居然在你们这条路上看见有人卖那种长长的爆米花，我还以为自己这辈子再也见不到这种零食了，咱们这个科技园真是现代和传统的无缝连接啊。

思路三，提提中间人。

早就听我的师姐提起过您，她对您赞不绝口。她进入贵公司营业部五年了，您一直是她暗自追赶的榜样。

我的朋友王 ×× 当年也是您面试的，他对您很感恩，说您当时点拨他的那几句有关职场发展路径的建议，一语中的。

我是通过李 ×× 知道咱们部门有这个职位空缺的。李 ×× 是我的健身伙伴，健起身来和工作一样拼命！

展开谈话中

你胜过其他候选人，可能不是因为你能力强，而是因为你准备得最充分，你对话的姿态最大胆。

你准备充分体现在你对这四大主题的了解：行业、公司、职位、个人。

你的大胆态度体现在：你不仅要围绕这四大主题来做阐述，还应该围绕这四大主题去询问其他人。别忘了 50/50 原则。他们在面试你，你也在面试他们。你说话和问问题的时间，约等于他们说话和问问题的时间。

具体该怎么谈？我们就围绕这四大主题来谈。不管面试官有没有问到，你都应该主动提及，不能遗漏——行业、公司、职位、个人。

第一，聊行业——时钟计划聊出上天视角。

还记得我前面介绍的时钟计划吗？你可以将话题放在三个时段中聊。比如，如果你们所在的行业是在线教育，那么你可以用时钟计划这样聊：

> 过去，在线教育是凭借价格优势吸引用户的；如今，互联网技术升级了，在线教育能打破空间的障碍，让用户与专家或外教更自由地互动；未来，随着各种类型的移动端学习 App 不断被推出，以及各年龄段成人逐渐养成的终身学习的习惯，我认为在线教育会因为其碎片化和方便灵活吸引更多用户。

再比如，你们所处的行业是零售业，你可以用时钟计划这样聊：

过去，电商和实体零售水火不相容，双方相互竞争；如今，传统电商纷纷抢滩线下，而实体零售加速互联网转型，电商和实体零售不再分庭抗礼，而是合作共赢；未来，我觉得这种相生相伴的格局会继续下去，尤其是在开发城镇和农村市场这个新风口上，农村电商和农村门店会一起把这块儿蛋糕做大。

在你说完以后，你该怎样问问题呢？

你可以针对行业发展趋势提出两种截然相反的问题：哪些是变化的？哪些是不变的？比如：

我想冒昧请教您，随着移动直播、大数据、人工智能这些在线技术的升级，未来五年到十年，成人教育领域可能会经历什么变化？

一个相反的问题：

我想冒昧请教您，随着移动直播、大数据、人工智能这些在线技术的升级，未来五年到十年，成人教育领域不管怎样发展，哪些要素是永远不会变的？

第二，聊公司——剥洋葱皮，逐层深入法。

我们之前介绍的三层洋葱皮聊天法很适合用来聊公司。你可以由外到内剥下三层洋葱皮：信息、观点、感受。也就是说，先说你在信息层面对这个公司的了解，然后说你是怎样看待这些信息的，最后分享一下你的感受。

面试前，请仔细研究面试公司的官网主页，并搜索一切有关该公司的新闻，你要能说出公司的价值观（这也正是你仰慕该公司的原因），公司过去五年经历过的重大变化，公司的盟友或对手的特点。你需要在面试官问出“你了解我们公司吗”这个问题之前，主动地表达出你对他们公司关注已久，并且表现出你有自己的洞察力。说完后，你记得要谦虚地问问对方，自己这样的理解对不对。比如：

听说贵公司去年给了员工们很多资源，让他们有开发新产品的自由，让他们享受到创业的乐趣。（以上是信息）在这种模式下，我觉得能留在公司里的人，都是自愿地奉献青春和热血的人。（以上是观点）我最欣赏贵公司的两点是真诚和热爱。真诚，踏踏实实地做过硬的产品，和用户交朋友；热爱，激发每个员工做自己喜欢做的事情。（以上是感受）不知道我的观察对不对？（以上是谦虚的询问）

再比如：

去年 3 月，贵公司召回所有疑似受污染的产品。（以上是信息）我认为召回产品的举动短期内让公司遭受了损失，长期来看，这的确是一次践行价值观的好机会。贵公司在股东、员工、客户三者的排序中，把客户排在了第一位。（以上是观点）我之前有过创业经验，非常认同把客户放在首位的公司，我也一直在寻找这样的公司。（以上是感受）您觉得我找对地方了吗？（以上是谦虚的询问）

第三，聊职位——借力打力。

提前了解一下这个职位在整个组织里的功能、价值。你在讲述时，可以尝试用类比的方式——如此做类比能让人印象深刻。比如，你应聘一家管理咨询公司的顾问职位，你说道：

我理解的顾问工作，就是根据企业客户的营养需求和口味需求，去配一桌大菜。他需要找到厨子，也就是培训师，他还需要找到最新鲜的原料，也就是最先进的管理或测评工具，以及合适的时间和场地。各方配合，让这场宴会的宾主尽欢。

如果你应聘一家公司的产品经理职位：

我觉得产品经理就像足球队的中场，他是全场最有活力的那一位。他在教练，也就是您的指导下，调配资源，控制节奏，保持球的控制权在我方，并将能量传递给每一位队友。

如果你应聘一家公司的软件设计师：

我一直把自己看作一个魔法帽，能变出神奇的小兔子或喷出漫天飞舞的纸钞，而工程师是魔法师。也就是说，要让奇迹发生，魔法帽必须让魔法师知道自己的魔力——不仅要让他知道这个帽子有什么魔力，还要让他知道为什么要有这样的魔力。只有当工程师真正赞同这个设计提案值得被开发出来后，奇迹才会发生。

谈过自己的见解后，你可以问对方："我想请问一下，您心目中最能胜任这个岗位的人是什么样的？"

不要小看这个问题，这是一个能让局势发生大逆转的问题。也许考官过去都还没有仔细从容地思考过这个问题，或者用人部门和人力部门也还没有机会在这个问题上达成一致。你的问题将力量赋予了对方，让他们从容地梳理出甄选标准。更关键的是，你能借此发力，针对他们的标准，一项一项地往自己身上套。

对方说："我们希望这个客服代表职位的候选人正好有类似的工作经验，这样他能很快上手。"

你接话道："我是换行不换岗。虽然没有在快销行业工作过，但之前的岗位和咱们现在的岗位是同一个性质的。之前的工作很好地锻炼了我面对客户时的应变能力，我也接受过客服人员心理方面的专业培训。”

如果他说：“我们期望这个职位的继任者有感染力，能用热情感染整个团队。”

你接话道：“完全赞同。一个团队的成功，不在于每个成员有多么能干，而在于团队成员之间的和谐互动。在之前的公司里，我善于组织团建活动，我知道怎样利用游戏、音乐、大自然、美食、奖品等，激发大家参与、互助、交流、学习。”

如果对方说：“我们希望的是有管理经验的人来直接上任。”而你之前只做过工程师，恰恰没有管理经验，那怎么聊呢？

你要努力地找到你和这份管理工作特质的相通之处：“作为工程师，我热爱创造。我知道这份工作意味着，从个人创造到指导团队一起创造。我知道工程师的语言，我有创造的经验，我和团队的沟通会顺畅高效，这个职位和我非常匹配。”

瞧，在借力打力的过程中，你毫不费力地将自己推销出去了。所以，在谈到职位这个主题时，你一定要记得问这个关键问题：您心目中最能胜任这个岗位的人是什么样的？

第四，聊个人——用 STAR 法来做真实的吹嘘。

“介绍一下你自己吧。”这是几乎每次面试里都会提的问题。

这个时候千万不要背诵简历，因为他们手里正拿着你的简历；而且，我们生活在一个互不信任的时代，我不相信你简历上罗列的功绩，我也不相信你的自我吹嘘。我只相信自己的眼睛在此时此刻的观察。

怎样做才是最真实地绽放自己？不要抽象，要具体；不要描述，要信息。因此，应该谨遵 STAR 呈现法：Situation（当时的情境）、Task（你的任务）、Action（你的行动）、Result（产生的结果）。举几个例子：

你与其说“我擅长团队建设”，不如说“我刚担任部门经理时，每年员工的离职率是 25%。我开展了员工满意度调查和总经理信箱活动，建立了导师带人制，并坚持每周一次的员工交心会。今年，员工离职率降到 10%”。

你与其说“我有为全公司更新后台操作系统的经验”，不如说“当时我们上新了一套业内最先进的 Athens 系统，我的任务是让所有同事在半个月内熟悉掌握新软件系统。我设计和组织了全日制培训，综合利用公司内部培训师资源、线上课堂和岗上指导。半个月后，96% 的同事表示能用新系统完成工作”。

如果你能娴熟地使用 STAR 法，你的能力就不会显得子虚乌有，而是给人更真实的感觉。正如美国营销专家伊恩·奥特曼所说的：“不要告诉别人你能做什么，而要告诉他们你解决了什么问题。”

面试结束后

在面试结束后，起身离开前，你怎样留给面试官一个华丽的背影？有智慧的人不会把关系止于这一次会面，而会将这一次会面看作漫长缘分的开端。你可以说：

> 不管我们这次有没有机会成为同事，只要咱们都还在这个行业，以后肯定还会有交集，我非常期待那一天。如果有什么我可以帮到您的，不管是职业上的，还是生活上的，请一定告诉我，我一定尽力相助。

这是一种超出面试范围的道别，是一个有格局的道别。

当你走出门后，面试官扶了扶眼镜，低头爽快地在你的资料上标上一个星号，你成功了！

你的成功仅仅是因为你的背景最契合这个职位吗？

不，可能你的人格魅力打动了他，他相信你的魅力同样可以征服整个团队；或者你认真的前期调查和深入的思考感动了他，他相信你哪怕没有本行业的直接经验，也是一位快速学习者。

如果他标的那个星号并不代表你最终被录取，难道你就失败了吗？不，你同样成功了。

也许你广泛的涉猎和独特的视角启发了他，他想进一步认识你，想和你有更多的交流。哪怕他给出的答复是“不”，那也只是“现在不”“我这里不”。以后有机会，他还会想起你，或者周围有合适你的机会，他会推荐你。

16'

与领导聊：建立情感纽带

“

在联盟中，雇主和员工建立的关系基于他们为对方增加价值的能力。

——里德·盖瑞·霍夫曼　领英联合创始人

”

职场上，我们常常会和自己的领导独处。想象以下情景：

你和你的领导碰巧在茶水间相遇，短短几分钟内的独处，你对“说什么、怎么说”患得患失；

你和领导在飞机上有一段较长时间的独处，你感觉这是一场煎熬；

眼看着要和领导乘同一部电梯，你毅然地走进楼梯间，哪怕你的办公室在16层。

你害怕和领导聊天吗？

终身雇佣制已成为历史，互联网时代的雇佣关系，已经从商业交易转为互惠关系。过去的商业交易是，员工用时间和才干换取金钱；现在的相互关系是，员工付出努力让公司更成功，公司提供平台让员工更有价值，甚至让员工形成有别于雇主的个人品牌，从而在劳动力市场上更抢手。

在这种互惠关系中，员工没有义务长期留在公司，公司也没有义务提供长期的安全网。于是，员工对公司的忠诚，转化为对职业的忠诚，对那位他崇拜的领导的忠诚。换句话说，我在公司里工作，不一定要和公司建立长期关系，但我必须知道，怎样和这个职业建立长期关系，怎样和那位有能力的领导建立一对一的长期关系。

和领导建立终身关系，这个挑战登上了新的历史舞台。而微交谈，是建立终身关系的基本方式。

要和领导进行微交谈，你在平时需要做好两方面的准备：一方面，让自己成为一个信息中枢站。你要习惯性地关心和帮助各部门的人，在帮助他们的过程中，不妨聊聊天，这样自然会收集到来自不同部门的不同反馈——他们遇到的问题，以及解决问题的不同思路。如果你能跳出自己的视角，从其他部门的视角来交谈，领导一定会高看你的。

另一方面，培养自己的高层视角。公司亟待完成的工作任务、面临的挑战以及竞争环境，你都知道吗？你真的清楚公司的业务是如何运作的吗？公司的损益表你有读过吗？如果这些信息你一无所知，那么你的人生蓝图和领导的蓝图永远是平行的世界，不会发生交集。

在《奈飞文化手册》中，帕蒂·麦考德说她会如此测试员工："在休息室或电梯里随便叫住一名员工，任何一个级别的员工都可以，然后问他公司在未来6个月里要做的最重要的5件事是什么。这个员工应该能够飞快地把一二三四五条都答出来。"

做好了这两方面的准备，和领导微交谈会变得容易起来，而且回报会很大。具体怎样交谈呢？

不可忽视与领导的交谈

第一，如果只有两三分钟时间，你可以用来向他表达感激。

你的每一次机会，都是有人帮你连接的。那扇门真的是你独自一人打开的吗？没有他对你的信任和支持，你能走到今天吗？你有没有向他们正式地表达过感谢？他们为你铺路，他们给过你建议，他们帮你做过介绍，他们为你提供了一次重要的面试机会，他们在你没有任何推荐人的情况下雇用了你。由此，你才能走到今天这个阶段。让他们知道，他们的一个小小善举，对你的人生产生了重大影响。当对方为你增加价值时，你千万不可低估它。

利用这个非正式的场合正式向他表示感谢。正是因为在私下场合，所以你的感谢会显得更真诚。告诉他你的成长，不仅是业绩上的成长，更重要的是你的性格、价值观、能力诸方面的成长。这背后的逻辑就是，你现在变得比以前更抢手了，而这是因为他甄选了你，他给你提供了平台和资源，让你成长得如此迅速。

王总，加入团队这两年，对我的意义非同小可。您看，咱们这个项目既跨文化又跨地域，还跨学科，我每天都能实实在在地感觉到自己在成长。两天前的 ×× 事情，让我学会了怎样将不同角度的观点结合在一起，怎样和他人对话，而不是搞对抗。我一直找不到机会正式感谢您。非常感谢您给我的指导和机会！

缩略版如下：

我刚刚进入这个行业，谢谢您不断地给予我建议，让我少走弯路，我不胜感激。

第二，如果有机会和领导做更长时间的交谈，那么请聊出你的目标和梦想。

他可能知道你的知识、技能，但或许并不清楚你的天赋、信念和态度；而后三个，才是你个人品牌的真正属性。如果你预备在这家公司不仅是“完成工作任务”，而是“建立事业”，那么，你需要让领导知道你身上的天赋、你内心的信念和你对人生的态度。这种信息传递是必要的。它的意义是，请你协助领导来帮助你。

而微交谈非正式的场合，很适合传递这类信息。在过道里，在茶水间里，在饭桌上，老板的职业人格会被隐去，个人人格会凸显，也就是说，他更像一位可以亲近的父亲。这时，你应该暂时撇开双方的职业人格，把他当作父亲。这个类比不一定恰当。如果觉得把他当作父亲你做不到，那么你就把他当作岳父（公公）

吧。我的意思就是，放轻松一些。

第三，用巧妙的提问，唤起他那种对待“小弟”的情怀。

有的人一上来就和领导说：“您做我的人生导师好不好？”这样会把领导吓跑的。你只要把他当作自己的导师就行了，而且不用说出来。所以，他的角色是“岳父（公公）+导师”。

你提出巧妙的问题，自然会得到机敏的回答。你可以这样请教导师：

> 我也是同济大学毕业的，我觉得自己和30年前的您很像。非常羡慕您现在有这样的经验和才华，请问，您在我这个年龄时，是怎样规划自己的事业的？

这样的问题能唤起他那种对小弟的情怀。如果你有心吸收他的意见，他将毫无保留，倾囊相授。

每个人都是在参照他人中完成自我定位的。他人的认可、支持，这是不容忽视的重要的情感资源。很多成功人士，尤其是成功男性，在严格的自我管理下获得成功，显赫的社会地位背后付出的代价往往是与他人日渐疏远的情感连接。你主动地与他建立情感连接，也许对他有非同寻常的意义。

第四，争取更多时间。

如果你在茶水间或电梯间遇到首席执行官，在短短的一两分钟内，你根本就不足以展示自己的潜质。这种情况下，我的策略可能是利用这一两分钟和他聊个“引子”，就像电影的teaser（预热广告），说服他安排一个和我单聊的时间。他若同意花更多时间和我交谈，那就是最大的成功了。

第五，鼓足勇气，建立真正的人际关系。

领导代表的是权力，如果你敢于和权力建立自然的、轻松的关系，那么你已经在展示这个时代最可贵的品质——勇气。

我们应该怀揣着这份勇气，去建立真正的人际关系。真正的人际关系，不是建立在谄媚奉承之上，而是建立在平等之上的。

平等体现在哪里？领导是全才，我们是专才。领导力不仅仅指领导对我的指导和监督，还包括我对他的呼应和追随。我们不能只知道埋头苦干，还要懂得怎样抬起头来和领导做真正的连接，懂得如何向上管理。下面的表格左边是埋头苦干型员工，右边是向上管理型员工。

场景	埋头苦干型员工	向上管理型员工
电梯里遇见领导怎么办？	点头打个招呼	不躲不闪，主动攀谈
在电梯里聊一分钟的目的是什么？	推销自己	争取下次和他更详细面谈的机会
平时和领导聊天谈什么？	我辛苦完成的那些工作	我在工作中获得的成就，并向领导了解公司的发展动向，把我的成就和公司的风向标调整为一个方向
怎样看待自己？	能为领导工作，我很幸运	领导能有我为他工作，他很幸运
怎样看待领导？	他是管理我的人，他要运用我的长处	他和我在公司组织里分工不同，我需要运用他的长处，从而创造出更多的价值
怎样聆听？	他说，我做	他说的同时，也在引导我说，我们共同设计目标和路径

（续表）

场景	埋头苦干型员工	向上管理型员工
怎样表达？	我要传达给他的是可交付的结果	我要传达给他的是工作实践中我的思考和发现

不可忽略和领导的交谈，因为努力工作是成功的必要条件，但不是充分条件。成功取决于很多不确定因素，其中一个很重要的因素是你和领导的情感纽带。微交谈帮你建立起的情感纽带有可能帮助你跨越阶层，打破制度，去成就一些别人成就不了的事情。你把你的信息传递到了领导那里，有一天，领导的信息也会传递到你这里。也许，你希望做的那个职位上的同事突然递交辞呈或决定移民，这样公司就有了空缺，这个既让你惊喜又出乎你意料的信息就传递到了你这里。

17'

与熟悉的陌生人交谈：让我们“煮熟”友谊

“

不过分看重自己的人，总能成功地从别人那里获得他应得的尊重。

不过分要求利益的人，总能满意地得到他应得的部分。

——亚当·斯密

”

熟悉的陌生人指的是，不陌生，但也不太熟悉的人。

一方面，友情的种子已经播下了，它等待着你们不断浇水、施肥，让它从一寸[①]高的苗，长到两寸，再长到三寸。所以，我们要保证它每次的成长，都基于上次达到的高度，而不是重新从零开始；另一方面，因为我们之间的交往有时间跨度，不能急躁地把“互相利用”作为谈话的唯一标准，而应该以友善和共情来互相安抚，互相鼓励，互相陪伴。

具体应该怎样交谈呢？你可以和对方谈历史、谈现在、谈未来。谈历史，是为了拉近情感距离；谈现在，是为了增进双方的

① 1寸≈3.33厘米。——编者注

了解；谈未来，是为了将来有机会产生更多交集。

谈历史——赞美对方

之所以要谈历史，是因为你和他以前已经认识了，彼此并不是完全的陌生人，那么谈你们的历史就相当自然了，哪怕那是一段模糊的历史。

你可以这样开场：

> 我记得在上海办公室里见过你，当时就觉得你很有气场，我印象特别深刻。
>
> 上次我们见面是在公司年会上，我记得你是最有条理、最胸有成竹的那位发言人。
>
> 我们好像上次家长会坐在一起吧，你代表家长向老师提的问题，说到了点子上。

在说这些开场白的时候，你尽量让赞美的话脱口而出。

> 假如对方是一位女士，你可以说：“你比我两年前看到你的时候气色还要好，真的是逆生长啊。”
>
> 假如你遇到的是一位男士，你可以说：“咱俩虽然没好好聊过，但经常听同事提起你，说你既有才气又有人气。”

但也许有人会问“如果我没觉得她气色好，怎么办”，一般来讲，一个人两年前和两年后的气色不会差很多。如果她的气色真的很差，你就称赞她其他方面吧，“你看上去比两年前心态更好了，满脸的幸福”。

在这里，我想说一个很关键的点，在社交场合，你如果不会撒些善意的小谎，就很难成为社交达人。

这是什么意思？比如，对方其实外貌普通，但你可以称赞她气质好；瑜伽其实你很少做，但如果瑜伽是对方的菜，你就要大力赞同它有益身心健康；你明明和聚会的主人不熟，但也要用谈论老朋友的语气那样聊起他。

为什么要这么做？在社交场合上，明白人都心照不宣——你听到的和你说出的每句话，并不是百分之百地真实。所谓社交，在某种程度上，就是用善意的恭维和优雅的托词去制造轻松愉快。对，这是以制造轻松愉快为目的的社交场合，这不是心理医生的诊疗室。

谈现在——请教对方

你可以询问对方目前从事什么职业，在做什么项目，生活工作中有什么变化。请记住，谈这个话题时容易犯的错误是连珠筒似地发问。请使用我们之前介绍的“说，问，说”三部曲。这个三部曲能让你在询问的过程中，既给自己带来信息，也让对方了解你目前的状态。

在了解对方现状的同时，你可以抓住机会请教他，请教是最好的恭维。

你可以请教什么？简单来说，请教一个只有他才能回答得了的问题。注意，不是那种路人都能回答的天气问题，而是你基于对他的职业或生活状况的了解，只有他才能回答得了的问题。然后，你要对他的回答做进一步阐释。这种沟通方法的好处是，能让他感觉到自己既受重视，又被认同了，一拍即合。比如：

> 你可以问：“恭喜你又一次荣升为爸爸了。我们也在考虑是不是生个老二，想请教一下你的经验。”
>
> 他说：“有了二宝，累是累。不过，我也从没后悔过。”
>
> 这时你可以针对他的回答，提供新的证据支持：“难怪！我妈一直都支持我们生二孩，她也回忆说，老二带来的快乐大大多于辛苦。”

你看，这么一聊，你和他更亲近了。每个人都在下意识地寻找“同类”，尤其是在进入一个未知的领域时，找到的那个“同类”让我们觉得更安全和温暖。

你如果能和他聊出“我们有相似的个性，互补的需求”，就真是一位高手了。而你为他的想法提供更多的支持、证据，就是聊出“我们有相似的个性”最有效的方法。

刚刚我提到“相似的个性，互补的需求”，那么你们怎样聊出“互补的需求”？这个时候，我们该聊聊未来了。

聊未来——帮助对方

你可以询问他现在正面临的挑战，以及解决这个问题需要哪些帮助；并且你要表达出非常乐意且有资源帮助他，这种帮助可以是即时兑现的，也可以是将来发生的。正因为它可以是将来发生的，所以几乎对任何人你都可以请求帮助。

“非常乐意且有资源”，这正是你展示“温度”和“能力”的时候。比如：

> 对方如果正在赶毕业论文，你可以说：“我学的专业虽然和你不一样，但没准儿格式可以供你参考。我把我的毕业论文发给你看看吧。”
>
> 对方如果在创业，需要资金，你可以说：“我帮你关注一下，如果我身边有投资界的朋友，我先找你要一份项目计划书转给他们看看。”
>
> 对方如果在准备留学，你可以说：“我先生是留学机构的资深顾问，可以帮你参谋一下。”
>
> 对方如果困惑于如何转型进入新行业，你可以说：“我有几本关于切换人生赛道的书，当年我受益匪浅，寄给你看看吧。”

美国有一家社交机构，名称是CXO，我记得它的总裁杰伊·艾伦曾经说过：“如果你不曾两次给出有意义的帮助，这段关系其实还没建立起来。”

同样，在用聊未来的方式结束聊天时，你也可以问问对方对你目前的事业有什么建议，为今后的互相帮助提供一个机会。

和他告别以后，记得将你们聊天的信息记录下来，在联系人卡片上面记录他的职业、爱好、经验、特长，以及其他一些细节，比如他孩子的年龄，他最爱的早餐搭配，他对某些物品的特殊偏好，等等。

这样，你们在下次再见面时就不愁没话题可聊了。你们的每次见面，也不再是散乱的无序的点，而是连成了一条线，在这条时间轴上，你们的友谊不断地得到巩固加深。

18′

会议交谈：低风险拓展人脉

“

我们能产生最棒的想法——当我们把经理人的会面变成一场智力狂欢的时候。

——杰克·韦尔奇　通用电气前首席执行官

”

随着传统组织能给予的保障越来越少，更多人选择从传统组织中脱离，用自己的技能开创更自由的工作方式。一次性合作，会成为这些自由职业者的常态。在组织变革中，公司越来越精简化和扁平化，责任从组织层面下放到个人层面，于是，纵向攀爬的职业阶梯路程变短了；在个人成长轨迹中，人们更频繁、更大胆地去探索最能发挥自身优势的工作方式和职位。于是，人们从忠诚于公司，变成了忠诚于职业。

《深度链接》一书中是这样启发年轻人的：

风险分为深风险和浅风险。当你去和一个人搭讪时，最坏的结果是他不理你，但明天太阳照常升起。但最好的结果是，你找到了人生赛道的新方向。这就是浅风险，损失小的风险。而如果你辞掉工作去独自奋斗，最好的情况是你创业成功，而最坏的情况是你失败了，两手空空。这就是深风险，损失大的风险。

所以，为了避免冒险式的赌注，我们需要尽量降低下注筹码的风险。我们可以频繁地承担浅风险，却要谨慎地承担深风险。参加会议，拓展人脉，就是以最低风险为自己创造机遇的时刻。

在这一章中，我要教你如何从一个会议的被动参与者，变成一个主动的参与者。我要告诉你如何利用会议、社群，最大化你的社交效率。你将获得会议前、会议中、会议后三份行动清单。

会议前的行动清单

1. 选择高手云集的会议。

你要想一想，哪类人有能力、有兴趣真正地推动你在做的事情；并且，你要找到那种能挑战你的舒适区的会议。也就是说，参加会议的人都是比你水平更高、更有价值的人。如果这类会议体系庞大，在城市或国内或国际都有会议网络，那么你尽可能参加更高级别的会议。

为什么一定要参加高手云集的会议？人才层次和密度高的会场，会产生更强大的能量，碰撞出更多创意。正如叔本华所说的：“具有深度的交谈和充满思想的话语，只能属于由思想丰富的人组成的聚会。在泛泛和平庸的社交聚会中，人们对充满思想见识的谈话绝对深恶痛绝。”如果不注重会议的质量，我们为了取悦他人，只能将自己变得平庸和狭窄，那么这就成了“一桩赔本的买卖”。

我在这里给出的标准是“高手云集”，而没有限定行业。其实，在不同行业的各色人中，你找到独特交集的可能性更大。美国作家法兰斯·约翰森甚至建议：我们应该经常参加一些不相干的研讨会或聚会，这种活动有趣且比较有生产力。平时没有理由彼此联系的聪明的头脑聚在一起，往往会提高关键命运时刻的发生概率。

因此，耐克公司的副总裁吉娜·沃伦表示，在自己行业内的研讨会上，“人们都拥有和我一样的经验、经历和世界观”。每年，她都会参加很多和自身专长的领域完全无关的研讨会、读书会，在其他领域寻找交集，这是她灵感的来源。

这也是为什么位于加利福尼亚州奥克兰市的皮克斯工作室搭建了一个非常著名的中庭。那些导演、制片人、设计师等在中庭不期而遇，在眼神交会的那一刻，他们的思想发生碰撞，激发出令人兴奋的创意。这就是最高效的社交。

记得有一次，我参加了一个在华盛顿 D.C. 召开的建筑行业的研讨会。我本来是去找人的，但在那个会议上，我巧遇了一位很健谈的建筑师，他对中国园林很痴迷。在交流中，我提到了中国园林建筑的一大特点：“园子建好后，还不算完工，你猜要做完什么才算真正完工呢？”

他好奇地问：“是什么？剪彩？”瞧，我和他玩“猜猜猜”的游戏，勾起了他的兴趣。

“不，剪彩不是最重要的。必不可少的最后一步是，请人在不同景点作诗赋词，并将其刻在石碑或墙上。只有完成这一步，这个园子才算真正地建好了。所以，人们不仅在观赏园子，还在体味园林中的人文气息。”

他当即对这种不一样的文化甚是向往，表示要组一个建筑师团，到北京和苏州实地考察一番。我这个和建筑行业八竿子都打不着的人，竟然被邀请做团长！

不同行业的高手聚在一起，能催化出很多新点子。点子越多，人生出彩的机会也就越多。高管们正在形成一种新的学习方式——从社交网络中汲取智慧。近年来备受关注的私董会，就是这种不同于传统的学习知识和技能的方式。人们发现，在社交网络的沟通中，尤其是一对一沟通中，人们往往会提出在众人面前、网上或文章里不会提到的个人洞察。能否通过交谈学习，取决于你的交谈技巧和勇气。这世上有很多专家是幕后英雄。找到他们，和他们聊一聊，你会有意外收获。

2. 当计划切换职业轨道时，你应当有目标地跨界选择会议。

尤其是你处于职业转型期时，你就更应该有目标地尝试参加不同行业的会议。因为职业转型不仅是换一份工作那么简单，更是转换社交圈。欧洲工商管理学院的组织行为学教授赫米尼亚·伊瓦拉指出：“所有自我重塑都需要社会的支持。”

尤其是当有转型的想法，但还没有转型的方向时，我们更要尝试与不同领域的人交谈。和哪些领域的人交流呢？想想看，你的兴趣、特长、经验在哪些领域，你就找那些领域的人去谈。直到找到这几个领域的交集，你就成功地找到了跨界发展自我的方向。

比如，当年我想创业时，仔细思考了一下自己的兴趣、特长、经验，我喜爱写作、对留学申请有经验，我也擅长和外国人打交道。我走进编辑圈子，又参加了几次留学领域的峰会，还加入外籍人士俱乐部。这是我的收获：一位在上海的外籍人士告诉我，他的中国朋友经常托他修改英语文章；一位从事留学工作的资深顾问透露，他们工作中最有技术含量的就是留学文书；我还发现编辑圈子里很多人都是自由职业者，他们专门帮人修改论文、报告。

顺理成章地，我找到了自己擅长的那三个领域的交集，开始了我的创业：与美国编辑合作，帮助中国留学申请者修改留学文书，这就是我做了快 10 年的留学文书快递中心（liuxuetoday）。不仅如此，在这些会议中，我能找到我钦佩的成功人士、效仿的榜样、取经的导师、与我有同样梦想的同行者，甚至是能为我敲响警钟的失败者。

各种自我性格评价的软件、亲人们设身处地的忠告、朋友们忠言逆耳的友情，以及人生规划师的那些高屋建瓴的意见，其实都帮不上太多忙。真正帮得上忙的是你感兴趣的某些领域的专业知识，以及那些已经走过这条路的人回头看时所总结的经验和发出的感慨。

《你的降落伞是什么颜色》这本书为我们提供了这样一个例子。假设你对园艺、木工、心理咨询感兴趣，那么你要做的就是尽可能运用这三类知识，而不是只使用其中的一个。怎样把这三类知识结合起来？去找这三个领域里的专家交谈吧。比如，你先从专业背景要求最高的心理咨询师开始，直接请教咨询师怎样把心理咨询和另外两种知识结合起来。你可能会从他那里获知，心理咨询有一个分支，就是通过让病人照料植物来帮助治疗精神上的疾患。那么，木工和园艺有什么交集？也许在和园艺师或木工的交谈中，你会获得灵感，为植物打造花盆，或为花园建造篱笆。只要找到了这三个领域重合的部分，你就能成功地定位自己的独特之处。

3. 想办法获得邀请。

你可以联系主办方，询问参加会议的条件。需要买入场券的时候，你就要毫不犹豫地购买。门票如果不外售，那么你可以问你的朋友圈里谁有办法获得会议邀请。你还可以用我们前面介绍的方法，用一个潜在的赞助方的身份，表达对会议的兴趣，或者表达自己有做志愿者的兴趣。

4. 拿到演讲者名单、参与者名单或座位图，做好前期调研。

我的习惯是，参加任何活动之前，我都会设定一个 10 人目标。我要和至少 10 个人交谈，并提前重点研究是哪 10 个人。不做准备，不进会场。

我调研的内容包括：他们是做什么的？此时，他们的事业或生活遇到了什么……有了这些调研结果，我就知道自己大概可以为他提供什么价值。

我还会把领英、微博上搜到的目标人物的照片存到手机里，这样我在现场可以很快地找到他们。

5. 如果没有办法获得入场券，那么你就动用想象力，激发你的冒险精神吧。

人们相信徽章和胸卡，你可以自己制作并佩戴你的徽章，看上去你就像一名工作人员，从容地走进去。你也可以制作一张记者胸卡，用记者的身份走进去，其实，你就是自己的自媒体记者，为自己的文章采访几个重要人物，也不是不可以的。

我再介绍几招更勇敢的。比如，你穿着昂贵的正装，光彩照人地告知门卫自己是演讲嘉宾；或者，你是某某演讲嘉宾特别邀请的客人；或者，你直接走进去，被发现后假装自己走错会场。社交大师珍妮·马丁还介绍道：你如果被抓住，就可以说“其实我是一名作家，正在写一篇怎么混进聚会的文章，我希望文章不要以我被你撵走而结束。”这样的境遇就像一次有趣的冒险。

她建议你去看电影《婚礼傲客》。那两个主角儿很厉害，可以毫不费力地闯入各种婚礼，他们有“潜行者”的本领。当然，那是一部喜剧。但他们俩诠释的正是喜剧精神：“人生就是一部喜剧。”

我鼓励你冒险，这属于低风险冒险，因为常规之路有太多人去挤，把这条路挤得越来越窄。而用游戏心态另辟蹊径，做一点与众不同的事情，你才有机会凸显自己，从而击败循规蹈矩的竞争者。

6. 吃饱喝足以后，再去赴会。

很多社交场合都是鸡尾酒会，只有一些酒水和小吃，没有正餐；而且通常是在下午 6 点到 8 点举行，此时正是平日的用餐时间。如果参加活动前没有吃东西，那么你聊着聊着就饥肠辘辘了。肚子一饿，口气也就变得不清新了。

你还记得电影《乱世佳人》里斯佳丽的黑人奶妈的提醒吗？“奥哈拉家的姑娘出去赴宴，一定得先在家里填饱肚子。”为什么一定要吃饱喝足？

大多数时候，现场提供的是酒精饮料和冰饮料。和陌生人交谈本来就会让人的神经中枢很兴奋，酒精饮料又容易让人过于兴奋；冰饮料会让你的声带过紧，使你无法处于音质最好的状态。肚子不饿，你才能克服这两种刺激性饮品的副作用，不至言多必失、状态欠佳。

会议中的行动清单

1. 早到 10 分钟，获得现场掌控感。

到场之后，默念“我是主人”。假设这场活动是你组织的，这个场子是你拉起来的。你喜迎天下来宾，就像踢足球一样，你是踢主场。这样的心理状态一旦就位，你的气场马上强大数倍，从被动变为主动，说话的底气就不一样了。你会自然地问出这样的问题：“你对今天的活动感觉怎样？”“你喜欢播放的这个音乐吗？”“食物还合口味吗？”“你是住在离这里最近的那家酒店吗？”

早到场对于“主人”来讲很重要。不要每次去参加会议、活动，都把时间掐得那么准。你早到 10 分钟，可以和其他早到的人，或者和真正的“主人”抓紧时间微交谈。你越讲究速度和效率，就越要重视活动开始前10分钟的微交谈。你会发现，这种微交谈往往会让你获得重要信息，和现场这个空间建立起看不见的情感纽带，你在这里交流或办事的效率其实会更高。

比如，在上培训课之前，我一般会早到场，为的就是先暖暖场，用微交谈和学员们建立非正式关系，毕竟大家要相处两个整天。我发现，课前的暖场，哪怕只有一两分钟，都会改变课堂这个空间里的气场，让这里面的“气”更温暖，更有生机。我和学员们似乎有了关系的延展，而不仅仅局限于老师和学员。

2. 以圈内人的衣着和气质融入会场。

不要随意穿搭，除非你有巨大的价值把别人吸引过来。而此刻，你是被这个圈子吸引的，你想融入这个圈子，所以你应该用圈内人的着装表达对这个圈子的认同。

3. 开启你的观察力，找出谁是核心人物。

有一部英国的电视剧名叫《神探夏洛克》。剧中，男主角夏洛克第一次见到华生就判断出：华生是一名受过伤的军医，他是来看理疗师的，而且华生的跛足是因为身心失调。夏洛克是我们学习的榜样。

你通过观察细节来锻炼高超的观察力和判断力，以此找到那个全场最重要的人。他来头比你大、气场比你强、地位比你高、经验也远比你丰富，他是明星。你上去和他交谈，他的光会照亮你。

那位男士舒展开的、放松的站姿，他手腕上不经意露出的一只价值不菲的名表，那位女士精致的发型，得体的微笑，都在传递出他们的威望和身份。你还可以观察，当某某到场时很多人都会迎上去，那么没准儿他就是一位重要人物。你也可以直接问会议的组织者或志愿者："这里有谁你觉得我应该去结识一下？"如果一个人的名字被数人提起，那么他应该就是核心人物。有时候，让你不虚此行的原因是，你和大人物交谈了几句。

4. 让自己被看到和听到。

开启性格切换的开关。不管你是把自己定义为内向还是外向，所有人都有变得活跃生动起来的潜质。在外社交半小时，在家充电三小时。所以，任何人在充好电之后，都可以绚丽半小时，都可以让自己活出最活泼、最大胆的半小时。

牢记使命，主动搭话。在茶歇的时候，你应该哪儿热闹往哪儿站，比如站在咖啡机和食物旁，或者签到处，或门廊人们等待的地方。不管你是不是一个内向的人，这几十分钟请一定释放出你外向的那一面，秀出你最胆大狂野的一面。你可以默念："我来愉悦你，拯救你。"

首先，微交谈会让对方愉悦。智能手机让人和人的实际距离越来越远，也让人的关注力越来越分散。而人类的本性是，每个人多少都有点儿自命不凡，每个人都期待自己被关注。当他被你当面恭维时，他自然会产生分享的愉悦。

其次，微交谈甚至会拯救他。在一个商务场合，你肯定不希望自己一个人傻站在那里，只能和手机互动。每个人都渴望在人群中被他人选中，都渴望与陌生人进行微交谈。

当你被人看到、被人听到时，自己的信息、价值、影响力，就能在与会议众人的连接中呈指数级增长。

5. 不要现场兜售你的业务，而要切换成为他人解决问题的姿态。

你只需要让别人了解你的特长，你能解决何种问题即可，千万不要做现场销售。你的专注力永远在为他人增加价值上。你的目标就是告诉面前这个人，你的价值何在。

你们的微交谈应该围绕四个关键点：我可以怎样帮你；你对我有什么建议；我觉得你还可以和某某谈一谈；你觉得我还可以和谁谈一谈。

会议后的行动清单

1. 制作联系人背景信息卡。会议后一定要尽量回忆，并根据现场所记录的信息，把当天交谈过的人的背景信息制作成卡片，供日后需要时使用。卡片的制作方法，我在前面章节里有叙述。

2. 24 小时内，与想结识的那几个人再次联系。也就是说，当你们的微交谈还有余温的时候，再次联系。邮件、微信、领英邀请，都可以。

我提供一个再次联系的邮件模板：首先，感谢他和你交谈，邀请他和你保持联系。其次，提供一些对他有价值的东西。它们可以是某条链接、某个他可以联系的人、某条信息。然后，再次给出自己完整的联系方式，比如手机号、微信号等。最后，发出再次见面的邀请。比如，你可以发出这样一封邮件：

很高兴在昨天的活动中认识了您，您关于各地文化活动开幕式的专业点评，让我印象深刻。我记得您提到贵公司马上要承办本市文化节的开幕式，主题是让文化和科技互动。我今天正好看到一则新闻，西安1374架无人机在国际文化节做的光影盛宴，用这个代替焰火很壮观，也很环保。这里是链接：（省略）。

我有朋友在大疆。如果您有兴趣找赞助商，我可以帮忙牵线。

南京路上有一家星巴克，离你我上班的地方都不远，我经常在那里和朋友见面。有空时，请您喝杯咖啡吧。我下周三四五都有时间，您看是否方便？

我的电话是……

期待和您有更多交流。

在这封邮件里，我表达了对他的浓厚兴趣，提供了别人提供不了的信息。我乐意贡献我的价值，并期待和他见面。

如果你觉得还没有准备好和他马上见面，发一条简短的信息也挺好的。

你如果能按照这三份清单去参加每一次会议，就一定会收获满满。

退一万步讲，你如果实在恐惧参加这种纯商务的社交场合，觉得自己打不开话局，就可以申请当志愿者，在服务大家的同时，你找机会和其他人攀谈；并且作为工作人员，你知道谁是重要人物。我很少看见会议厅里的工作人员主动和嘉宾攀谈，哪怕那些服务人员站在那里无所事事。其实他们错过了很好的机会。面对服务自己的人，人们普遍有反馈义务，而且没有戒心。

我经常把人头攒动的会议看作命运之河，你有胆量在河里戏水，河流就有可能承载着你漂向一个意料之外的机遇。

19'

在多人话局中绽放

“

你想象自己在客厅里和老朋友聊天，然后把这种感觉带到在众人面前说话，你自然就会放松、感到舒适。

——理查德·布兰森　英国维珍集团创始人

”

一些人在一对一地和陌生人聊天时还能放得开，但是在多人话局的场合，却总插不上话。如果你也有这样的困惑，那么我建议你认真阅读以下内容。

一对一的聊天方式是在一个只属于你们两个人的空间内进行交流，对方有回应你的责任。如果多人在一起聊天，你要同时接受来自多个人的信息，而且在场的那些人也没有回应你的义务。这个聊天空间不是封闭的，你容易失去掌控感，也不容易确定自己即将说的话会不会与他们合拍，或者会不会受到他们的关注，或者自己会不会显得足够聪明。

这时，你需要更多的勇气，更重要的是，你还需要学习一些技巧。这些技巧将帮助你掌控“一对多”交谈中经常遇到的三种局面：当你想创造新话题时；当你想加入某话题的讨论时；当你想主导这次讨论时。

创造新话题

首先，找出关键人物。

当你想创造一个新话题的时候，最怕的是没人接招。你要避免“责任扩散”现象的发生。多人话局的责任扩散，指的是在场的人很多时，做出回应的责任就会被无形地扩散到这些人身上，造成人越多扩散范围越大，个人回应你的责任就越小的现象。

所以，你要发言时，风险最低的方式就是，选择这个话局里的某一位来聊。

你应该选择谁？找出关键人物。这个关键人物可以是组局的人，或者是这个话局里的活跃分子，或者是最有影响力的那位，或者是那个最伶牙俐齿、最爱讲笑话的人，或者是那个和你最熟的人。

其次，将新闻热点与他的专业结合，诚心地请教对方。

接下来，你要和这个关键人物聊什么？你想想最近有什么新闻热点，然后，将这个热点和他的知识背景联系起来，诚心地请教他的看法。

比如，2018 年年初，有一则《流感下的北京中年》的文章被大家纷纷转载。你可以面对在场的某医疗领域的朋友，抛出这样的话题：“《流感下的北京中年》这篇文章，真是让人唏嘘，没想到流感这样凶残。请教您一下，流感和普通感冒到底怎么区别？”

如果现场有保险行业的人士，这个话题就抛得更自然了，你可以说：“如果他们事先买了保险，哪些种类的保险在这个事件中是可以赔付的？”

如果现场有自媒体人士，你可以这样抛出话题：“这篇文章刷爆朋友圈，请教一下，你们的自媒体在营销中，会怎样连接这个热点话题？”

你不仅用新闻热点把在场的每个人的关注力都吸引了过来；并且，你用请教的语气有针对性地问一位关键人物，他感觉被尊重了，就一定会给出回答，而且他会认真地回答。

融入交谈

当大家已经在热火朝天地讨论某话题时，你怎样插话进去？不用紧张，我告诉你四种方法。

第一种，我有见解。

这是你的首要选择，也是你自己最重要的声音。注意，你表达自己看法的时机是，在出现讨论的空隙时，也就是说，你不能打断别人的发言，不要给别人一种咄咄逼人的印象。

另外，你也不要怕自己的观点不成熟，这不是公司里正式的会议，放松一些。还记得我在前面所讲的吗？社交聊天，就是一场资讯大交融、乐趣大冲撞的盛宴。你需要从心里认可自己的价值。如果在那个话局里，你觉得其他人的水平确实都比自己高，你有些自惭形秽，那么此时你更要为自己打气，“别怯场，我有我的独特视角，我的见解有供大家参考的价值”。你可以用以下的话语给自己造势：

我来说说我的看法，如果有不对的，请各位老师不吝赐教。

我是新人，刚刚接触金融领域，对这个事儿，我还没有想出终极解决方案，但是我有两点建议很想说一说。

或者，你也可以为自己的见解增加三种砝码：直接经验砝码、学术砝码、团队砝码。

第一，直接经验砝码——你的见解来自你的直接经验。

有一次，我参加有关人力资源的活动，他们讨论如何将内训线上化。我说：“将内训搬到线上，对中层可以，但对高管和基层员工却起不到很好的效果。对高管人士的培训更多的是他们彼此间的启发和交流；基层员工没有足够的自觉性来参与线上培训。”我的这一番话一下子把他们的注意力全都吸引过来了。然后，我将自己的理解详细地做了阐述。后来，活动的组织者专门找我要了联系方式，第二周还和我约谈了一次。

这就是独特的直接经验，这是一个很有重量的砝码。

第二，学术砝码——你的见解来自学术专业研究，很有权威性。

举个例子，你可以这么说：

我前几天刚刚读了关于这个话题的最新研究，位于新加坡的英士国际商学院教授艾琳·梅耶还在《哈佛商业评论》发表了一篇文章，说日本企业、德国企业等虽然等级森严，但在做决策的时候，并不是搞一言堂，反而很注重共识。

第三，你还可以为你的见解增加团队砝码。

举个例子，你可以说：

在我的IT行业客户群里，一半以上的人都认为，专业技能的重要性胜过软技能。

一个特定人群中大多数人的意见，也很有参考价值。

第二种，我有疑惑。

如果你实在无法说出任何见解，那么怎么办？你也不用着急，还有第二种声音可以表达：我有疑惑。切忌不懂装懂，而要不懂就问。表达疑惑的时机是，当时当刻就问。为了让大家注意到你的问题，你可以在肢体语言上给出提示。比如，微微举一下手，或伸出食指，或将身体往旁边一侧。

你问问题的语速要稍快，音调略提高一点儿，但注意不是吼叫。

不要怕你的问题不够成熟，问题往往能挖掘出更多细节，或纠正某些有偏差的观点。有时，也许你还问出了大家其实都想问的问题。有以下三个版本的问题供你参考使用。

闪电版：

> 你可以这么说："不好意思，我有个简短的问题。"或者："抱歉打断一分钟，就一分钟，我很好奇，请问……"

谦逊版：

> 你可以这么问："张总，这方面您是专家，千万别笑话我的这个问题。请问……"

灵感版：

> 你还可以这样问："你刚刚的故事，让我突然想到这样一种可能。如果……，请问……"

其实提问题就这么简单，闪电版、谦逊版、灵感版的问题，是帮你刷存在感最简单的方式。我在美国读书的第一个学期，在课堂上也觉得很难插话，我就是靠问问题幸存下来的。

第三种，我赞同，并做补充。

当你听到和自己一致的观点时，请立刻表示赞同，如果还能顺势补充一些细节、例子、故事、数字，甚至相关话题，那么你真的就是一位聊天高手了。

当有人说鼎泰丰的小笼包好吃时，你立刻举双手赞同：“我也超级喜欢。”

然后，如果你有关于包子或面食那一类的“吃、吃、吃”的故事，此时它们正好可以派上用场了。或者，你也可以补充一些细节：“鼎泰丰的包子皮薄馅多，而且不油腻。”你还可以补充一个例子：“像我妈妈这种不吃肉的，去了鼎泰丰，都要点一笼小笼包。”你还可以补充相关话题：“他们的菜肉蒸饺也很美味”“鼎泰丰的炒饭真是粒粒分明”“上海豫园的小笼汤包也值得一试”。

第四种，我没有观点，但会归纳总结。

当对所谈的事情你实在没有自己的观点，也不知道持什么立场，也没什么问题可问的时候，你还是可以发声的——你可以进行分析性推进，说一说某观点的可行条件，以及可能会遇到的困难等。

作为一个中立的陌生人，你诚实地反馈、全身心地倾听、感同身受地理解和支持，也是你存在的价值。

最常见的分析性推进，是对大家刚刚的讨论做一个归纳总结。你可以说：“我刚刚在认真地听大家的讨论，这里好像有三个不同的观点：第一种认为……第二种观点觉得……第三种看法是……”

其实，很多职场新人在最初参加团队会议时，就是这么刷存在感的。不要小看这种归纳总结的声音，它同时体现了你的聆听能力、提炼信息的能力，以及组织语言的能力。

主导交谈

当你在一个多人话局上逐渐放松下来，获得了更多自信和关注以后，你可以尝试主导这次交谈。这是对自己的一次挑战，不要放过这个锻炼自己的机会。

主导交谈最有用的技巧是制造矛盾，挑动正反方制造出不同意见相互碰撞的局面。这也是我们培训师常用的主导课堂的技巧。当值得讨论的观点出现时，我会先问有没有反对方，再问有没有赞同方。注意一下顺序，不是先问有没有赞同方，而是先问有没有反对方。

为什么？人一般在公众场合发言时，喜欢说一些让别人觉得有新意的话，说一些出其不意的话，而这些话通常来自反对传统观点的一方。先问有没有反方，更能激起大家发言的欲望。

反方发表完看法后，我会问："难道真的就没有赞同的人了吗？"这时，一定也会有人跳出来，支持原观点。

这就是你在聊天中制造矛盾、利用矛盾，让这个话局上的各路神仙都有机会施展他们的机敏和幽默。在追逐真理的道路上，大家享受到了交谈的高级乐趣。

你在学完这三个方法后，有没有意识到，要在多人话局中绽放，我们不一定需要丰富的谈资，但我们需要不怯的底气、不评判的态度、随机应变的机智、显露真性情的勇气。还有什么比多人话局更好的方式能滋养我们的独立人格、自由心性呢？

有人曾说过，一对一交谈像打网球，是发球和接球的配合。一群人交谈，是配合的艺术，像即兴的群舞。大家聚拢在舞台上，即兴随着音乐起舞，大家都不知道会跳成什么样的舞步，但大伙儿互相支持、互相弥补，每个人都有机会表现一下自己，共同奉献出一台精彩的演出。

后记

“

从主观理解到客观实践的过程中，有一道深深的沟，主观世界里有那些绝对的原则，客观世界里只有刚刚好的行动。

——查理·芒格

”

本书写到这里，如果我问你“什么是微交谈力”，那么你会怎样定义？

我想这样来总结：微交谈力，就是在计划和即兴的表演中，通过高带宽的信息交换和情感交流，匹配双方的价值，激发出集合智慧。

我们按照逐个要素来看。

计划和即兴的表演：我们在第二篇的结束语中，对比有详细表述。表演是一项用身体来表现的艺术形式。这场表演的关键是要有目标角色，并且在计划和即兴之间保持平衡。

信息交换：在一次微交谈中，我们和对方交换信息。不是网络大数据式的信息交换，而是交换零散的、随机的、意外的信息。你在这个过程中迅速洞察、捕捉到它们某种隐秘、内在的联系，以此为基础，继续交换具有更紧密联系的信息。这是一种基于直觉，迅速迭代的人类立体思维能力，计算机暂时无能为力。所以，人类的交谈力是一种非线性思维的艺术。之所以说这种信息传递是“高带宽”的，不仅仅指数据庞大，更是指人们需要敏锐地找出哪些信息最重要、最相关，并且需要根据这些信息对眼前的这个人进行深层描述。

情感交流：谈话双方表面上是交换信息，实质上是在进行或深或浅的情感交流。交谈完后，双方往往记得住的是当时的情绪。你要能捕捉到对方的表情信息和其他非言语线索，并且意识到，自己的一点儿改变，就能推进情感的浓度，比如，身体靠近、眼神专注、会意地微笑，以及一时表现出来的憨厚。微交谈力强的人善于识别情绪线索，善于利用情绪线索。

匹配价值：为什么我们要和人做信息交换和情感交流？为了匹配双方的价值。所以我们不能把社交简单地理解为阶层的向上流动。我们在一次短兵相接的交谈中，选择呈现最能吸引对方的那个价值，同时让对方表现出最吸引你的价值。人们因为三种最基本的价值而寻求合作，即那个著名的价值三脚架：健康、财富、智慧。财富不仅指金钱，还指时间、关系等很多方面的富足。而真正有影响力的人，在社交中会淡化对纯粹金钱财富的展示，以便突显自己在文化资本、道德真诚方面的优越性。锻炼微交谈力，不是让你去和天下所有人交谈，而是找到在那个阶段那些最匹配的朋友，并吸引那些最合适的朋友，让你们建立联系。

激发集合智慧：这是社交的终极目标。在 VUCA 时代，我们遇到的问题越来越难、越来越不确定。我们每个人也有着越来越高的自我导向和成就导向。于是，我们最需要做的是向外界发起一次次协作，快速吸引、聚合他人，将不同角色纳入一种柔性共同体，用集合智慧完成任务，每个人的事业在这个共同体中成就。任务完成后，共同体自动解散。这是一种动态的价值协同模式。用陈春花教授的话来说："这是一个英雄辈出的时代"，更是一个吸引伙伴、集合智慧的时代。

在本书里，我教了你怎样用协同对话结识陌生人；怎样协同情感，为他营造安全网；怎样协同逻辑，与他展开实质性交谈；怎样协同信誉，交换双方的价值。你学会了要在初次见面时传递出自己的价值，要在多人话局中取得发言权，说话要幽默，展露魅力时要使用魅力公式，等等。这一切都是主观世界里的认识，你都一一掌握了。

然而到了现场，这些原则可能会同时失去效用。在那时那刻，你该表现得更"放"，还是更"收"？你该不该说那句话，那句话该说得轻描淡写，还是浓墨重彩？那时那刻你到底该用哪条原则？这是客观世界里的实践。查理·芒格向我们提出的挑战是，要从两个互相矛盾的原则中，"找到那个刚刚好的动态平衡点"。

在这个理论指导下，我理解的社交教育，就是帮助大家在脑子里形成各种有效的社交原则；同时我们相信，有多少人就有多少种不同的建立连接的方式。正因为没有统一的方式，我们不用害怕，抓住一切机会去实践就好。在实践过程中，要记得收集那些主观世界和客观实践的不一致，并尝试找出那时那刻的平衡点；每一次实践后，将你收集的那些不一致继续输入自己的认知世界，让旧原则与新实践经验融合，让主观世界更完整。这就是社交力的真正提升。

在实践过程中，你还会发现，哪怕你准备得再充分，与陌生人的微交谈都是随机的。所以，这个世界上没有完美的交谈。请接受和宽恕它的不完美，就像你接受和宽恕生命的不完美一样，唯其如此，你才能达到真正的圆满。

最后，在本书快要结束的时候，我想强调两点。

第一点，我崇尚线下社交，随着互联网的发展，我仍会越来越崇尚线下社交。心理学家发现，显示情感纽带的“关系线索”，指的是自发的、无意识的行为——大笑、点头、打手势，而这些线索是在线下实现的。交往时，彼此距离越远，从中获得的快乐就越少。发短信是最弱的一种保持情感联系的交流方式。我赞成马歇尔·麦克卢汉说的“传播手段就是传播内容”。传播信息的形式深深地根植在信息内容当中，最终这个传播手段会影响人们如何看待这个信息。不能把网上的社交当作社交的全部。在真实的屋檐下，和真实的他面对面地确认眼神，交换真实的插科打诨，传递真实的活力和能量，这是一件很美妙的事。

不管你遇到了什么问题，总会有解决方案；而一切解决方案都与人有关，一切重要的资源都与人有关。这个人，不是网络上那个没有见过面的人，而是真实的人。与人建立连接，就是人生的全部。社交能力会让你的人生更丰富多彩。

第二点，我崇尚先海绵式社交，再淘金式社交。海绵式社交就是广撒网，认识足够多的人。用本书的方法，你会触碰到一个巨大的、真实的，并且无限扩展的人脉网。但你的时间不是无限的，社交圈不是看数量，而是看结构，以及紧密度。无限扩展人脉圈是手段，而不是结果。最终的结果是，我们要用淘金式社交，即筛选或打造出那个150人的黄金人脉圈。

所以，我也有计划再写一本书，教你怎样鉴别出那些可以终生结交的朋友，并和他们深度连接。

祝你既有独自驻足品味生活的快乐，也有放飞自我与人交流的充实。

附录

面试中的三类典型问题

针对过去、现在、未来，面试官通常会提以下三类问题。

第一类问题：你遇到过的最大挑战是什么？

这是一个问过去的问题。但其实雇主不在乎你的过去，他真正在乎的是你这个人。他考虑的是，你这个人本身的特质是否适合这份工作。

所以，这个问题真正问的不是“最大的挑战是什么”，而是问“对过去的你而言，最大的挑战是什么”。

你回答的重心，不在于这个挑战本身有多难，而在于对于当时的你来说，为什么那么难。重点不是挑战这件事情，而是你这个人。

同样的道理，面试官会问你：“你做出过的最令自己骄傲的成绩是什么？”

这个问题也不是问“最骄傲的成绩是什么”，而是问“对于过去的你而言，最骄傲的成绩是什么”。你回答的重心，不在于这个成绩本身多么辉煌，而在于对于当时的你来说，这个成绩相当难得。

你如果能通过这类问题的回答，让面试官深刻地了解你这个人本身的某些特质，那就做对了。

比如，关于挑战，你可以这样回答：“在入职上家公司时，为了给大家留下好印象，我是有求必应，直到不堪重负。后来我意识到，慷慨不意味着任何时间满足任何人的任何需求。于是我设置了给予慷慨的两个条件：一是，只帮我擅长和我热爱的事情；二是，只帮有诚意的人。第一个标准让我能用最短的时间和最快乐的方式完成协助；第二个标准帮我和值得结交的人建立了牢固的情感纽带。”

在这段陈述里，你呈现出来的个人特质是“懂得精力管理的热心人”。

又比如，关于成绩，你可以这样回答：“五年前，我从一名技术人员被突然提拔成为一名管理人员，我原以为管理者是一名协调员，带领大家造一艘船的时候，管理者来协调资源，包括招揽工人、收集木头、分配工作、发号施令。后来我发现，在做协调工作之前，有一项更重要的工作，即引导团队成员向往广阔无垠的大海。于是，我花大力气说服管理层，同意团队成员旁听公司高层的战略规划会议，让他们了解自己的职能对组织全局、对未来所起的作用。当把共同使命与个人成长联系起来时，他们自然就找到了那片想要远航征服的大海。”

在这个故事中，你呈现出来的个人特质是“不仅有想法，而且有具体行动方案来实现你的想法”。

第二类问题：你为什么申请这个职位？

这是一个问现在的问题。这个问题背后真正要问的是，“我们是你海投的 100 家公司中的一家吗”。

所以你回答的基本思路是，我只钟情于你。

你可以用三要素胶囊方法来回答，即“我心目中的理想职位是喜欢、能力和收益三个象限的交集，这份工作就在交集的正中间”。

同时，你还可以大胆地问面试官：“不知道贵公司最吸引您的地方是什么？”

第三类问题：你觉得五年之后，自己会在哪里？

这是一个绝对值得你高兴的问题。因为面试官已经把关注力放在未来了，他的问题已经从问过去、问现在，变成了问未来。一旦他的注意力转向了未来，胜利就开始在前方招手了。

这个问题背后真正要问的是，“我想知道你是不是一颗随时会飘走的蒲公英，你会在五年之内另谋出路吗”。

回答这个问题的基本思路是，不用说得太具体，因为你也没办法说具体。职业规划这个话题，只有在内部提拔、换岗、考核的时候才可能聊得很具体，那个时候你已经很清楚公司发展方向、组织架构和岗位职责。

那你现在应该如何回答？你可以说说自己未来能力的升级，

注意，不一定是级别岗位的升级，是能力的升级。毕竟，随着机构的扁平化，向上攀登的职业阶梯越来越短了；而且，在座的还有你未来的领导，你那向上爬的野心不一定受欢迎。

比如，你可以用三要素胶囊的方法聊：“五年之后，我对人、对事、对自己，都是有期望的。对人，我希望自己能更宽容他人，更善于协同不同的力量；对事，我希望自己成为公司不可或缺的那20%的员工；对自己，我希望仍然在从事自己喜欢做的事情，过自己能做主的人生。”

你也可以用时钟计划的方法聊：“1~2年后，我做到精通业务，并把上一份工作的经验融合进这份工作中；3~5年后，我会和公司一起尝试探索新的市场方向；5年以后，我目前还说不准，但我相信，爬上一座山峰之后，自然会看到山那边更美的山峰。”

你还可以大胆地问：“不知道有没有机会和咱们部门的同事们也聊一聊？他们的成长路径一定能帮我对今后的发展目标有更清晰的认识。”

综上所述，面试官不仅在面试你的认知，更在面试你的态度和人格；你不仅在面试他们提供的这个职位是否匹配你，还在面试你们的气场是否相合。

对于善于抓住机遇的人来说，人生处处都有面试官。他从来不会想“我现在也没想要找新工作，我现在不缺工作”，而是“我时刻都在寻找更好的机会”。对，没有最好的机会，只有更好的机会。这个规则也同样适用于有雄心的公司。他们的主管从来不会说“抱歉，我们现在不缺人”，而是会说“我们随时都在寻找优秀的人”。尤其是对于发展势头猛的初创企业来说，它们真的是每时每刻都在招人。哪怕现在没有你的职位，只要创业者喜欢你、信任你，也可以为你创造出一个职位。所以，人生处处皆有面试官。